오래된 집 무너지는 거리

오래된 집
무너지는 거리

주택과잉사회
도시의 미래

노자와 치에 지음 | 이연희 옮김

흐름출판

주택 과잉 사회란

우리는 '인구 감소 사회'인 동시에 '주택 과잉 사회'라는 모순적인
나라에 살고 있다.

주택 과잉 사회란, 주택 수가 세대수를 크게 웃돌고 빈집이 점점
늘어나는데도 미래 세대에 심각한 영향을 미칠 수 있다는 사실을 간
과한 채 거주지가 아닌 땅들을 무분별하게 택지로 개발해서 주택을
대량으로 신축하는 사회를 말한다.

2060년 일본의 인구(합계 출산율 1.35)는 약 8,700만 명으로 예
측된다. 감소가 시작된 2010년 인구(1억 2,806만 명)의 약 70%밖에
안 되는 셈이다. 이처럼 급격한 인구 감소로 빈집이 계속 증가하
는데도 도심에서는 초고층 맨션[1]이 빽빽하게 들어서고 있으며, 도
시 외곽 지역이나 지방도시의 농경지에서는 무질서하게 단독주택

---

1   일본의 맨션은 거래 빈도나 대출의 용이성, 거래 가격 등을 고려할 때 한국의 아파트와
비슷한 공동주택 형태다. 반면 아파트는 한국의 소형 다세대주택과 비슷하다 - 옮긴이.

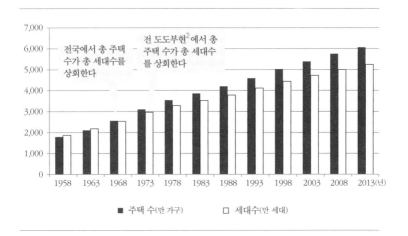

표 0-1 주택 수와 세대수의 추이
국토교통성, 사회자본정비심의회 제36회 주택택지분과회 자료(2015년 4월 21일)

의 개발이 이어지고 있다.

과연 이대로 계속되어도 괜찮을까?

일본의 총 세대수는 약 5,245만 세대이며, 현재 총 주택 수는 6,063만 채에 이른다(2013). 총 세대수에 비해 총 주택 수가 16%나 많아 주택은 이미 충분한 상황임을 알 수 있다(표 0-1).

제2차 세계대전 이후, 고도 경제 성장기를 거치면서 주택 수가 턱없이 부족하자 일본 정부는 신규 주택 개발을 중시하는 정책을 적극적으로 추진했다. 그 결과, 전국의 총 주택 수가 지속적으로

---

2 都道府県. 일본의 광역자치단체 – 옮긴이.

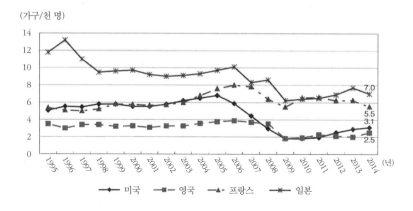

(가구/천 명)

＋ 미국　──■── 영국　──▲── 프랑스　──✻── 일본

표 0-2 인구 1천 명당 신규 주택 착공 가구 수 국제 비교
주택경제연구회 편저, 「2015년도판 주택 경제 데이터 모음」

늘어나 1973년 이후에는 총 세대수를 초과했다.

총 주택 수가 증가하는 이유는 해체되는 주택 수보다 신축되는 주택 수가 훨씬 많기 때문이다. 매년 착공되는 신규 주택 수는 고도 경제 성장기와 비교하면 절대량이 감소했다. 그러나 인구가 감소하기 시작한 2010년 이후 오히려 증가하고 있으며, 2013년에만 99만 채의 신규 주택이 공급되었다.

그렇다면 일본은 유럽·미국과 비교해 착공되는 신규 주택 수가 얼마나 될까?

2015년도 기준 주택 경제 자료에 따르면, 인구 1천 명당 착공되는 신규 주택의 수(표 0-2)에서 일본은 지난 20년간 영국, 미국,

프랑스를 제치고 계속 선두를 유지하고 있다. 2014년에는 영국의 2.8배, 미국의 2.3배, 프랑스의 1.3배로, 유럽·미국과 비교해 월등히 많다.

팔리니까 건설한다

그렇다면 왜 인구가 감소하는 일본에서 신규 주택이 계속 대량으로 건설되는 것일까?

주택 공급자인 주택·건설업계가 특히 분양 형태의 주택과 맨션을 대량으로 계속 건설하는 이유는 토지 취득비와 건설비를 합한 초기 투자금을 단기간에 회수할 수 있기 때문이다. 사업성을 확보하기 쉽고, 주택을 분양한 다음 유지관리 책임이 구입자에게 넘어가 사업 위험성이 낮다. 즉, 팔면 그만인 셈이다.

주택·건설업자는 '헤엄치지 않으면 죽어버리는 참치와 같다'는 말처럼, 기본적으로 계속 건물을 신축하지 않으면 수익을 확보하기 어려운 비즈니스 모델이라는 점도 이유 중 하나다.

한편, 주택을 구입하는 입장에서도 '주택은 자산'이라고 생각하는 경우가 많고, 임대주택에서 비싼 월세를 내는 것보다 주택담보대출로 구입하면 감세 혜택을 받을 수 있는 등 여러 면에서 이익이라고 생각한다. 부동산 회사의 광고 이미지 전략과 절묘한 영업

력도 한몫해 신규 주택의 구입을 결정하는 사람이 많다.

주택을 구입할 때 신규 주택이 아니라 중고 주택을 선택할 수도 있지만, 일본의 중고 주택 유통률은 약 14.7%(2013)로 시장성이 낮은 편이다. 부동산 회사는 중고 주택의 질을 확인할 정보가 적고, 구매자는 중고 주택의 질에 대한 불안감이 있어 중고 주택의 유통이 활발하지 않으며, 부동산 시장 자체가 신규 주택 중심으로 형성되어 있다.

이런 이유로 '팔리니까 건설한다'는 식의 의식이 좀처럼 멈추지 않는 것이다.

3채 중 1채는 빈집

해가 거듭될수록 총 주택 수가 점점 늘어나고, 그러는 한편으로 빈집 비율도 일관되게 증가하고 있다. 2013년 주택·토지 조사통계에 따르면 총 빈집 수는 전국적으로 820만 채에 이른다. 총 빈집 수는 〈표 0-3〉처럼 최근 10년간 1.2배, 20년간 기준으로는 1.8배 상승했다.

'일본의 2025년 문제'라는 말을 들어본 적 있는가?

2025년, 인구의 5%를 점유하는 단카이 세대[3]가 75세 이상 되어 후기고령자 비율이 갑자기 20% 가까이 상승하는 문제를 말한

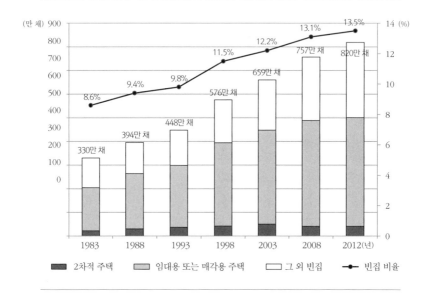

표 0-3 빈집 수의 추이

국토교통성, 사회자본정비심의회 제36회 주택택지분과회 자료(2015년 4월 21일)

다. 이것을 포함하여 일본인 남녀 평균수명이 84세(2015, WHO)임을 참고하면 2035년 전후부터 단카이 세대의 사망률이 급격히 증가할 것이라고 예상할 수 있다.

그래서 주택의 말로는 단카이 세대의 사후 자녀 세대(단카이 주니어 세대)와 친척이 친가를 어떻게 취급하느냐에 달려 있다. 주택

---

3 団塊の世代. 1947년에서 1949년 사이에 태어난 일본의 베이비붐 세대 – 옮긴이.

의 입지와 크기 등에도 좌우되겠지만 단카이 세대가 사망한 후, 상속 세대가 있더라도 친가와 멀리 떨어진 자신의 집을 갖고 있는 경우가 많아 상속받은 친가에 입주하는 경우는 드물 것이다. 단카이 주니어 세대는 친가를 매각하거나 임대할 수밖에 없어, 마을 여기저기에 빈집이 늘어나는, 국가적으로는 '시한폭탄'을 안고 있는 것과 마찬가지 상황이 될 것으로 보인다.

노무라종합연구소에 따르면, 빈집을 철거하거나 주택이 아닌 다른 용도로 전용하지 않으면 2013년에 약 820만 채였던 빈집이 10년 후(2023)에는 약 1,400만 채가 되어 빈집 비율이 21.0%에 이르고, 20년 후(2033)에는 약 2,150만 채가 되어 빈집 비율이 30.2%에 다다를 것으로 예측된다. 즉, 20년 후에는 3채 중 1채가 빈집인 셈이다.

주택업계의 반론

내가 여러 공공 위원회와 심의회에 참가해 "인구 감소에 따라 빈집이 급증하고 있는데 주택의 대량 공급이 계속되는 상황을 하루빨리 개선해야 한다"고 말하면, 주택업계 사람들은 "아니, 일본의 세대수가 아직 증가하고 있는데 빈집이 증가한다고 주택 공급 과잉이라고 하는 것은 맞지 않는다"는 반론을 제기하곤 한다.

하지만 국립사회보장·인구문제연구소는 전국의 세대수가 2019년 5,307만 세대를 정점으로 감소하기 시작해 2035년에는 4,956만 세대까지 감소할 것이라고 예측한다. 도쿄 도, 가나가와 (神奈川) 현, 아이치(愛知) 현 등 대도시에서도 2025년경에는 세대 수가 감소세로 전환할 것이라는 전망이다.

앞서 말한 대로 총 주택 수는 총 세대수보다 이미 16%나 많으며 10년 후에는 대도시에서도 세대수가 감소할 것으로 예측된다. 그런데도 정부는 여전히 신규 주택에 금융·세제 지원을 계속하며 주택건설업계를 밀어주고 있다. 주택 과잉 사회의 부작용을 막으려는 움직임은 어디서도 거의 찾아볼 수 없다.

거주지 확대에 따른 세금 낭비

주택 과잉 사회라고 해서 신규 주택을 짓고 구매하는 것 자체가 나쁜 일은 아니다. 인구가 감소하는 사회든 빈집이 증가하는 사회든 신규 주택은 필요하다.

문제는 거주지로서의 기반(도로와 초등학교, 공원 등)이 충분히 갖추어지지 않은 지역에서도 신규 주택이 계속 건설되고 있어 거주지의 확대가 멈추지 않는다는 것이다. 거주지로서의 기반이 잘 갖추어지지 않은 지역에 신규 주택이 계속 건설되면 인구 증가에 대응하기 위해 초등학교, 도로, 공원 등을 조성하고 정비해야 한다. 공공시설이나 도로 등의 유지관리, 방재 대책과 재해 대응, 쓰레기 수거 등을 실시해야 하는 영역이 증가하고 거주지의 유지관리 비용이 '영구적으로' 필요하다. 즉, 거주지가 확대되어 거액의 세금이 투입되는 문제가 뒤따른다.

지자체도 부동산 개발업자도 기존 마을의 공동화를 막으려는 노력을 하지 않고 매립지와 공장부지, 농지 등 조금이라도 개발하기 쉬운 토지와 규제가 느슨한 토지를 찾아 마치 화전 농업(숲에 불을 지르고 무계획적으로 개간을 반복하는 영리 목적의 농법)식 개발을 추구하고 있다. 토지 소유자도 어떻게든 땅을 팔거나 활용하려고 해 거주지 확대는 멈추지 않고 있다.

기존 주택을 철거하고 그 부지에 주택을 착공하는 재건축 세대수가 신축 착공 세대수에서 차지하는 비율(재건축률)은 지난 몇 년간 10% 정도였다. 신규 주택 착공 세대수의 약 90%가 기존 주택지가 아닌 토지에 건설되고 있다는 것은 거주지가 계속 확대되고 있다는 의미다.

인구도 경제도 급격히 성장해서 대도시의 주택이 부족하던 고도 경제 성장기에는 거주지 확대가 필요했다. 그러나 인구도 세대수도 감소하는 현 상황에서 화전 방식으로 거주지를 확대하는 것은 한정된 인구와 개발 수요를 놓고 인근 지역끼리 쟁탈전을 벌여, 전체적으로 보면 거주지를 유지하기 위해 필요한 세금 지출만 증가시키는 비효율적인 일이다.

　이런 현상은 시간이 흐를수록 더 심각한 문제가 될 것이다.

빚동산이 되는 주택

더욱 문제가 되는 것은 인구도 세대수도 감소하는 가운데 주택 과잉이 심화되면 미래에는 주택의 입지와 유지관리 상황에 따라 팔고 싶어도 사는 사람이 없고, 세금과 관리비만 잡아먹는 빚동산이 될 가능성이 있다는 점이다.

　유품 정리 전문회사를 운영하는 요시다 다이치(吉田太一)는 상속 부동산의 대부분이 더 이상 재산이 아니라 세금과 관리비, 수선 적립금을 지불해야 하는 '부(負)동산, 즉 빚동산'이 되었다고 경종을 울린다.

　지금도 주택의 질이나 입지에 따라 팔고 싶어도 구매자가 없고 임대하고 싶어도 임차인이 없어 빈집이 되는 경우가 속출하고 있다. 예를 들어, 1장에서 설명할 사이타마(埼玉) 현 하뉴(羽生) 시는 임대 아파트의 공급 과잉으로 빈집이 증가하고 임대료가 하락하는 등 문제가 심각한 상황이다. 니가타(新潟) 현 유자와(湯沢) 정에서는 과거에 대량으로 만들어진 리조트 아파트의 가격이 대폭 하락해 10만 엔에도 팔리지 않는 상황이 벌어졌다. 이 같은 현상은 일부 지역에만 국한된 것이 아니라 앞으로 많은 지역에서 수요를 초과한 주택 공급 과잉이 전반적인 부동산 가치 하락으로 이어질 것임을 보여준다.

장기적으로 이 문제는 주택을 구입해 거주하던 세대의 수명이 다했을 때 그 심각성이 드러날 것이다. 자녀 세대나 친척 등이 주택을 상속하지만, 자녀 세대가 그 집에 살지 않는 경우가 많아지고 있다. 만약 팔고 싶어도 구매자가 없고 임대하고 싶어도 임차인이 없으면 빈집의 재산세와 유지관리비는 자녀에게 부담이 된다.

이런 빈집 문제에 대해서는 2장에서 자세히 다룰 예정이다. 여기서 간단히 말하자면 주택 과잉 사회에서는 그동안 주택이 자산이었던 것과 달리 주택의 가치가 근본부터 흔들린다는 점을 직시해야 한다.

활단층 바로 위라도 주택 신축을 막을 수 없다

오늘날 주택 과잉 사회가 된 가장 큰 원인은 사실 지방자치단체의 도시계획에 있다고 해도 과언이 아니다.

원래 도시계획이란 개별 건축 활동이 도시 전체에 큰 영향을 미치지 않도록 토지 이용을 종합적이고 일체적인 관점에서 적정하게 배분·배치하기 위해 마련된 것이다. 그러나 대도시에서는 개별적인 개발 프로젝트에 대해 국가나 지자체가 용적률(대지 면적에 대한 건물 총 바닥 면적의 비율) 규제 등을 완화해 전체 주택량을 제어할 방법도 없이 초고층 맨션이 계속해서 늘어나고 있다.

대도시 교외와 지방도시에서는 지자체가 나서서 서로 어떻게든 인구를 늘리려는 근시안적인 관점에서 개발 허가 기준을 완화해, 무질서하게 농지를 망가뜨리고 인프라가 충분하지 않은 교외에 택지를 조성하고 주택을 '난건설'하는 사태를 조장하고 있다. 개발 규제가 거의 없어야 발전하는 데 유리하다며, 느슨한 규제를 방치하는 지자체들도 있다.

원래 일본의 도시계획은 미국에 비해 토지 이용 규제가 매우 느슨한 편이다. 심지어 재산권 보장과 주민 정서를 명분으로 활단층 바로 위는 물론, 침수·토사 등 재해 위험이 예상되는 지역에까지 특별한 경우가 아니라면 주택 건설을 금지할 수 없다.

자세한 내용은 3장에서 설명하겠지만, 개발 사업자나 토지 소유자 등 공급자의 기대와 주택을 구입·임대하는 수요자의 기대, 주택을 투자 대상으로 여기는 금융 및 투자자의 기대, 그때그때의 정치적 의도 등이 복잡하게 얽혀 이런 심각한 상황을 초래한 것이다.

남은 시간이 많지 않다

우리는 현재 투표권이 없는 미래 세대의 주택과 마을을 만들고 있다. 이대로 주택 과잉 사회를 조장하면 미래 세대에게 빚동산이될 주택과 마을을 떠맡기게 된다. 가장 큰 피해를 입는 것은 우리아이들과 손주들이다.

주택 과잉 사회에서 벗어나는 것을 목표로 빈집을 줄이고, 중고주택의 유통을 촉진하며, 신규 주택 중심의 주택 시장을 변화시키는 것이 필수적이다. 특히 기존 주택을 리모델링하거나 재건축해주택의 질을 시장성 있는 수준까지 높인 다음, 주택 시장에 유통시켜야 한다.

나아가 재해 방지, 인프라 및 대중교통과 생활편의 서비스 유지, 공공시설 재편과 통폐합, 지역공동체, 라이프스타일의 변화에 대응한 살기 좋은 생활환경 조성 등 다양한 분야가 복잡하게얽힌 주거환경 관련 문제를 다원적으로 해결하면서, 현 세대뿐만아니라 미래 세대도 살기 좋도록 개선해나가야 하는 시점에 와있다.

나는 도시계획 연구자로서 지금까지 도시계획 법제도, 특히 인구 감소 사회를 대비한 토지 이용 계획이나 개발 허가 제도를 연구하는 한편, 다양한 지자체의 도시계획 행정에도 관여하고 있다.그러면서 일본의 도시계획과 주택정책이 고도 경제 성장기의 틀을 시간이 멈춘 것처럼 그대로 유지하고 있다는 점에 강한 위기감을 느꼈다.

1장에서는 주택의 '양'의 관점에서 대도시에 왜 그렇게 많은 고층 맨션이 계속 세워지고 있는지, 대도시 교외와 지방도시의 농지에 왜 택지 개발과 임대 아파트 건설이 계속되고 있는지 등에 관해 구체적으로 풀어간다.

2장에서는 주택과 주거환경의 '질', 특히 '주택 노후화'의 관점에서 노후 단독주택이나 분양 맨션이 받아들여야 할 말기 문제와 상속 포기 문제, 공공시설이나 인프라 등 주거환경의 노후화 문제에 주목한다. 그리고 이대로 손 놓고 있으면 차세대가 부담을 짊어지게 된다는 점을 보여주고자 한다.

3장에서는 주택 '입지'의 관점에서 활단층 바로 위에도 주택 건설을 금지할 수 없는 등 일본의 토지 이용 규제가 얼마나 느슨한지 논의하며, 도시계획과 주택정책이 주택의 입지를 적극적으로 유도하는 기능이 없는 구조적인 문제를 드러낸다.

그리고 4장에서는 주택 과잉 사회에서 탈피하기 위한 7가지 방안을 제안한다.

이 책의 목적은 도시 행정을 비판하는 것이 아니다. 지금까지는 도시계획과 주택정책을 정부나 지자체의 일로만 여겨왔다. 그러나 주택 과잉 사회의 흐름을 멈추지 않으면 우리 세대는 물론 미래 세대가 감당하기 어려운 결과가 닥쳐올 것이다.

지금까지는 도시계획에 대해 거의 의식한 적이 없었더라도, 이 책을 통해 주택 과잉 문제를 '우리의 문제'로 인식해 이 흐름을 바꾸어가는 계기가 되기 바란다.

제4장 주택 과잉 사회에서 벗어나는 7가지 방안

제1장

인구가 감소해도
주택은 계속 늘어난다

사진 1-1 도쿄 올림픽 선수촌 예정지 주변의 초고층 맨션(2015년 4월 저자 촬영: 바로 앞의 부지가 올림픽 선수촌 예정지)

사진 1-2 도심부와 연안 지역을 잇는 간조 2호선(2015년 9월 저자 촬영)

계속 건설되는
초고층 맨션의 불안한 미래

2020년 도쿄 올림픽 선수촌 주변 개발

도쿄 연안 지구는 초고층 맨션이 늘어선 거리로 급격히 변모하고 있다. 본격적인 인구 감소 사회에 돌입해 빈집이 점점 증가하는데도 초고층 맨션이 계속 건설되는 상황에 불안감을 느끼는 사람이 많을 것이다.

도쿄 도(都)에는 1980년대 후반 무렵부터 초고층 맨션이 증가하기 시작해 2013년까지 약 550동이 건설되었다. 특히 연안 6구[1]에는 도내 초고층 맨션의 약 60%가 집중되어 있다(표 1-1).

부동산경제연구소가 발표한 초고층 맨션 시장 동향에 따르면,

---

1 연안 6구(區)란 주오 구, 미나토 구, 시나가와 구, 오타 구, 고토 구, 에도가와 구를 뜻한다.

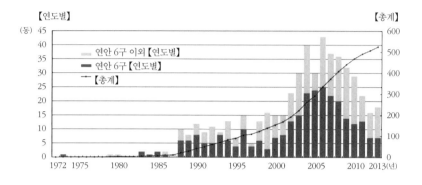

표 1-1 도쿄 도 초고층 맨션 준공 동수의 추이

도쿄 도 주택정책심의회 맨션부회, 「맨션 수·시장의 상황」, 2014년 제1회 기획부회 참고자료
(2014년 8월 6일 작성)

2015년 이후 건설이 계획된 도쿄 도 구 지역[2]의 초고층 맨션은
109동(약 5만 가구)에 달한다. 더불어 도쿄 도 구 지역을 제외한 수
도권에 69동(약 2만 7천 가구), 근교권에 38동(약 1만 4천 가구), 그 외
지역에 46동(약 1만 가구)이 건설될 예정이다.

초고층 맨션은 지금도 도쿄 도의 구 지역에서 집중적으로 건설
이 진행되고 있다.

2013년 9월, 2020년 도쿄 올림픽과 패럴림픽 개최가 결정된
후 도쿄 연안 지구에 선수촌과 다수의 경기장을 짓기로 했다. 이

2　도쿄 도는 23개의 구와 6개의 시(市)로 구분된다. 도쿄 도의 23개 구를 우리나라의 수도
서울과 비슷한 지역으로 볼 수 있다 – 옮긴이.

● 협의 중·도시계획 결정 지구
■ 재개발 사업 등 완료 지구

선수촌

간조 2호선(정비 중)

도요스
신이치바

표 1-2 선수촌 주변에 예정된 개발 사업
도쿄 도 도시정비국, 「도심과 린카이 부도심을 연결하는 BRT에 관한 기본계획」 중 'BRT 노선 주변의 개발에 대해'(2015년 4월 작성)

로 인해 도심과 연안 지구를 연결하는 연안 2호선과 BRT(버스 고속운송 시스템) 같은 교통 인프라 구축이 가시화되면서 선수촌 주변의 초고층 맨션에 대한 관심이 단숨에 상승했다.

주오(中央) 구의 하루미(晴海) 지구에 신축될 선수촌에는 선수들의 주거용으로 14~18층의 맨션이 21개 동 건설되고, 도쿄 올림픽과 패럴림픽 폐막 후에는 지상 50층 정도의 초고층 맨션 2개 동이 추가로 건설될 예정이어서 선수촌 지구에만 약 5,650가구의 주택이 들어설 것으로 보인다.

그런데 선수촌 주변 개발 사업을 조사한 도쿄 도의 자료(표 1-2)를 자세히 보면 선수촌뿐만 아니라 그 주변 지역에도 다수의 개발 사업이 예정되어 이들 개발 사업을 통해 더 많은 초고층 맨션이 건설될 예정이며, 대부분 임대형이 아닌 분양 형태다.

공중족의 증가

초고층 맨션이 전망이 좋고 높은 신분을 상징하기 때문이라기보다는 '관리와 서비스가 충실해 호텔 같은 생활이 가능하다', '전철역으로 직접 연결된다', '직장에서 가깝다', '맨션 안에 스파와 클리닉이 있다' 등 주거환경이 쾌적하다는 점이 인기 요인으로 작용한다고 한다.

또한 '도쿄 올림픽과 패럴림픽으로 자산 가치가 올라가지 않을까?', '상속세 대책으로 괜찮지 않을까?' 하는 기대감과 더불어 일본 부동산에 대한 외국인의 투자의욕이 높다는 점이 부동산 투자의 장점으로 작용한 것으로 보인다.

초고층 맨션을 투자 목적으로 구매한 사람들은 거래가가 상승할 것이라는 가능성을 내다보고, 지금은 직접 거주하지 않고 임대하다가 2020년 도쿄 올림픽과 패럴림픽 직전 가장 비쌀 때 매각하려는 사람들이 많다고 한다.

실제로 NHK의 한 프로그램에 따르면, 초고층 고급 맨션을 구매하고 되팔기를 반복하며 더욱 고급 매물을 구매하는 '공중족'이 증가하고 있다고 한다.

초고층 맨션은 절세 전략으로 사용되기도 한다. 조망이 좋은 고층은 실제 가격에 비해 상속세 평가액이 낮아 절세가 가능하다. 상속세 절세 대책으로 고가 주택을 구매하는 움직임이 늘어나면서 정부에서는 상속세의 쇄신을 검토하고 있다.

부동산 개발업자 입장에서는 임대 방식보다 건물을 분양하는 것이 단기간에 토지 취득 비용과 건설 비용 같은 초기 투자 비용을 회수할 수 있고, 분양 후 관리의 주체와 책임이 구매자에게 넘어가기 때문에 잠재 위험을 회피할 수 있어 이점이 크다.

이런 이유로 '팔리니까 건설한다'는 흐름이 가속화되고 있다.

조망권 싸움과 가격 붕괴

도쿄 연안 지역에 갈 때마다 어느 쪽으로 고개를 돌려도 초고층 맨션이 들어선 광경에 놀라곤 한다. 초고층 맨션이 지나치게 많아 서로 조망을 방해하는 지경에까지 이르렀다.

예를 들면, 주오 구 가치도키(勝どき)에 있는 초고층 맨션 구입자는 조망이 마음에 들어 그 주택을 선택했는데, 나중에 도로 건

사진 1-3 초고층 맨션의 거실 조망

너편 부지에 초고층 맨션이 건설되어 조망을 자랑하던 거실에서
는 맞은편 초고층 맨션의 외벽만 보일 뿐이었다(사진 1-3).

일반적으로 여러 개의 초고층 맨션을 한꺼번에 계획해 개발하
는 경우에는 서로 조망을 저해하지 않도록 건물들을 대각선으로
어긋나게 세운다. 하지만 나중에 주변의 다른 부지에 초고층 맨션
이 건설되어 조망권을 침해하는 데 대한 대책은 없다.

또 다른 3개 동 초고층 맨션 입주자들은 현재 멋진 조망을 즐길
수 있다. 그렇지만 몇 년 후에는 인접한 운하 반대쪽의 재개발 사
업으로 새로 3개 동의 초고층 맨션이 들어설 계획이어서 조망권
을 침해할 것이 뻔하다. 즉, 계속되는 초고층 맨션의 건설을 멈추
지 않는 한, 구입한 시점에 매력적이었던 조망이 계속 보장되리라
고는 장담할 수 없다.

이처럼 도쿄 연안 지역에서는 '조망권 빼앗기 싸움'을 하면서 초고층 맨션이 계속 건설되고 있다. 그리고 이렇게 조망권 빼앗기 싸움을 하는 지역은 인구 과밀화가 심각하고 거리에 사람이 넘쳐나 과연 미래 세대들이 안심하고 살 수 있는 질 높은 거리 만들기가 진행되고 있는지 의구심도 든다.

사실 국토교통성에서 3개월마다 발행하는 『주요 도시의 고도 이용지 지가 동향보고』 최신판에 따르면, 연안 지역은 이미 미분양과 가격 폭락이 시작되고 있다. 감정평가원의 지가 동향과 장래 지가 동향에 대한 언급을 조금 소개하면 다음과 같다.

(주오 구와 쓰키지 구는) 하루미 지구처럼 편의성이 떨어지는 지구를 중심으로 미분양 아파트가 증가하는 등 약화되고 있으며 불확실한 경제 전망에 따라 신축, 중고 아파트 모두 거래에 그늘이 보이기 시작했다.

(고토 구 도요스 지구는) 신규 주택과 중고 주택 모두 대량 공급이 계속되고 있어 향후 거래 건수가 감소할 것으로 예상된다.

(고토 구 아리아케 지구는) 연안 지역 전체적으로 더 많은 아파트가 대량 공급될 예정이어서 향후 가격 조정 국면을 맞을 것으로 예상된다.

즉, 같은 지역에서 주택의 대량 공급이 계속되면 주택이 노후화되기 전에 가격 폭락이 시작되는 사태가 일어날 가능성도 있다.

인구 급증에 따른 초등학교 과밀학급 문제

주오 구와 고토(江東) 구 연안 지역에서 이미 검토 중인 개발 사업 등을 바탕으로 인구 증가 전망을 산출한 도쿄 도의 자료(표 1-3)에 따르면, 2014년 말 현재 상주 인구는 약 8만 6천 명이지만, 도쿄 올림픽과 패럴림픽 이후에는 현재보다 10만 명 정도 증가할 것으로 예상한다. 도쿄 23구가 24구가 된다고 해도 과언이 아닐 정도로 인구가 단기간에 증가하는 것이다. 이런 인구 증가분을 주택 수로 환산하면 약 4~5만 가구의 신규 주택이 단번에 건설된다는 얘기다. 덧붙이자면, 고도성장기에 일본 최초로 건설된 본격적인 뉴타운인 오사카 부 센리(千里) 뉴타운의 주택 수(사업 완료시)는 약 4만 가구(최대일 때 인구 약 13만 명)였다.

도쿄 도의 연안 6구에는 이미 17만 가구(2013년 토지·주택 총계 조사)의 미분양 아파트가 있는데도 '팔리니까 건설한다'는 단기적인 시장 원리에 따라 센리 뉴타운 분량의 신규 주택이 들어서는 사태에 직면했다.

도쿄 연안 지구에서는 이미 너무 많은 초고층 맨션이 건설되어

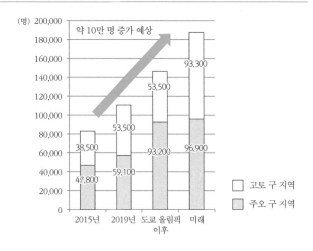

표 1-3 선수촌 주변의 예상 상주 인구
도쿄 도 도시정비국, 「도심과 린카이 부도심을 연결하는 BRT에 관한 기본계획」 중 'BRT 노선 주변의 개발에 대해'를 토대로 작성(2015년 4월)

거주지에 필요한 다양한 생활 관련 시설이 부족하고, 초등학교 교실 부족이나 지하철역 이용객 포화 같은 심각한 문제들이 나타나고 있다.

주오 구 교육위원회의 추계에 따르면, 도요미 초등학교는 1998년에 158명이던 학생 수가 2020년에는 721명으로 4.6배, 즈키시마 제2초등학교는 1998년에 199명이던 학생 수가 2020년에는 618명으로 3.1배나 증가할 것이다. 도요미 초등학교가 이렇듯 급증하는 학생을 수용하기 위해 교정에 건물을 증축하면 50미터 직선도로 등 최소한의 운동 공간조차 확보할 수 없기 때문에 이 학교는 인접한 도요미 운동공원으로 이전하기로 했다. 그러나 도요미 운동공원은 방조제 바깥에 위치하기 때문에 해일에 대비한 시설 정비가 필요하다. 또한 츠키시마 제2초등학교는 컴퓨터실 등을 교실로 전환하고, 교정의 동산을 없애고 교사를 증축했으며, 교정이라고 부르기에 너무 좁은 공간에서 아이들이 과밀 상태로 생활하고 있다.

미나토(港) 구에서도 초고층 맨션이 계속 들어서 아동 수가 급격히 증가하고 초등학교 교실 부족 사태가 심화되고 있다. 미나토 구 시바우라 초등학교는 운동장에 조립식 건물을 설치했는데도 부족해서 새로운 큰 건물을 짓고 이전했지만 여전히 좁아 식당을 교실로 전환하거나 과밀 교정의 안전성을 높이고자 미끄럼틀이나 동산을 없애는 등 대응에 급급하다. 그렇지만 2019년 이후에는 또다시 교실 부족 사태가 예상되기 때문에 미나토 파크 시바우라의 잔디광장에 초등학교를 신설하기로 했다.

뉴타운의 경우에는 주택을 대량으로 지으면서 장래 지구 전체의 인구와 주택 수의 총량을 설정하고 초등학교, 교통 등 거주지로서의 기반을 계획적으로 정비해왔다. 그러나 도쿄 연안 지역 등에서 건설되는 초고층 맨션은 재개발 사업으로 결정된 구역별로 진행되기 때문에 1개 동에 500가구를 초과하는 주택이 단번에 공급되어 역의 확장과 주차장 정비, 새로운 교통 인프라 정비, 초등학교의 증축 및 신축 등 공공 투자가 주택 건설을 뒤쫓아가는 형태다. 따라서 지자체에 따라 가족 단위의 아파트 건설 계획에 대해 공공시설 등의 정비를 위한 개발협력금(예를 들어, 주요 구는 1가구당 100만 엔 정도)을 요구하는 경우도 있다.

상대적으로 빈곤해지는 도쿄

"초고층 맨션이 많이 들어서더라도 개발협력금을 징수하고 있으니 거주 인구가 증가하면 주민세 등 세수가 증가하는 만큼 공공투자를 하면 되지 않나?" 또는 "경제 활성화를 위해서도 주택이 팔리는 한 계속 건설해야 되는 것 아닌가?"라고 여기는 사람도 있을 것이다.

하지만 가까운 장래, 도쿄에 노인의 수가 압도적으로 늘어난다는 것은 누구나 아는 사실이다. 따라서 사회보장 관련 비용이 증가하는 등 초고령 사회에 대한 대응이 긴급한 과제로 떠오르고 있다.

경제학자 마쓰타니 아키히코(松谷明彦)는 향후 도쿄 권은 상대적으로 가난해질 것이라고 지적한다. 각 지역의 풍요 지표가 되는 지역별 1인당 현내 총생산 증감률(표 1-4)을 보면, 2025년 이후 두 지방권은 상승하는 반면, 도쿄 권(사이타마 현, 지바 현, 가나가

표 1-4 지역별 1인당 현내 총생산 증감률

내각부 「국민경제계산」, OECD "Annual National Accounts", 국립사회보장·인구문제연구소 「일본의 지역별 장래추계인구(2013년 3월 추계)」 발췌, 마쓰타니 아키히코 추계(마쓰타니 아키히코, 「도쿄열화 – 지방보다 극적인 수도의 인구 문제」, PHP신서, 2015)

와 현 포함)은 급속히 저하될 것으로 예측된다. 지방권은 도쿄 지역보다 먼저 고령화가 진행되어 노인 인구가 감소기로 들어섰지만, 도쿄 권은 향후 노인이 급증하고 생산 연령 인구(15세 이상 65세 미만)가 감소하기 때문이다.

도쿄에서는 2010년부터 30년간 노인이 53.7%나 늘어날 것으로 추산되며, 앞으로 양로원의 증설이나 의료와 간호 서비스 등 사회보장과 관련된 막대한 비용이 발생할 것이다.

또한 주민의 노화뿐만 아니라 주거환경의 노후화도 심각한 문제다. 지금부터 40년도 더 전인 고도성장기에 정비해온 공공시설과 인프라가 대부분 노후화되어 재건축·갱신 시기를 맞이하기 때문이다. 이에 따른 비용도 만만치 않을 것이다.

인프라 문제 전문가인 네모토 유지(根本祐二)는 이렇게 지적한다.

올림픽이 열린다고 해도 공공 투자를 할 여유가 없다는 점을 강조하고 싶다. 전국의 노후화된 인프라를 갱신하기 위한 예산이 적어도 40%나 부족한 상황에서는 올림픽도 성역이 될 수 없다. 올림픽 기간의 공공투자를 합리화할 수 있는 유일한 논리는 1964년 도쿄 올림픽 때 정비한 인프라 갱신의 필요성이다. (중략) 2020년 올림픽은 인프라 재구축의 올림픽이다. (중략) 이번 기회에 시민들이 안심할 수 있도록 인프라를 안전하고 재정적으로 지속 가능한 형태로 바꾸어 구축해야 한다. (중략) 이를 위해서는 도시계획의 관점이 매우 중요하다.

이처럼 도쿄에서는 향후 사회보장 관련 비용은 물론 노후화된 많은 공공시설과 인프라를 갱신하기 위한 막대한 예산이 요구되기 때문에 지금까지와 같은 방식으로 공공투자를 계속하는 것에 신중을 기해야 한다. 공공시설과 인프라를 신설하면 그 유지관리, 방재 대책, 재해 대응 등 거주지를 유지관리하는 비용이 영구적으로 필요하다는 점도 고려해야 한다.

즉, 인구 증가로 인한 세수 증가 효과가 사회보장 관련 비용, 노후화된 공공시설과 인프라 갱신에 필요한 비용, 거주지 유지관리 비용을 합한 세금 부담과 균형을 이루는지 장기적인 관점에서 제대로 조사하는 것이 중요하다.

불량 주택이 될 위험성

지금까지 살펴본 바와 같이 초고층 맨션은 구매자 측에도 개발자 측에도 인기가 높기 때문에 계속 건설되고 있다. 그러나 주택 전문가는 화재나 재해 시의 위험성, 다양한 거주자 간 합의 형성의 어려움, 고액의 유지관리비, 대규모 수선 필요성과 미래의 노후화 대응 등 일반 분양 맨션과 비교할 때 한층 복잡한 문제에 대해 경종을 울리고 있다. 이처럼 다양한 어려움에 직면하면 초고층 맨션은 장래에 불량 주택이 될 위험이 있다. 건설 및 도시계획 관련 일을 하는 지인 중에는 경제력이 충분하더라도 초고층 맨션을 구매한 사람은 거의 없다.

아마도 미래 위험성을 인식하고 있기 때문일 것이다. 화재나 재해가 발생했을 때의 위험성, 소방 활동의 어려움은 물론이고, 중층이나 고층에 거주하는 고령자 등은 피난 계단으로 대피하는 것 자체가 힘들다. 장주기 지진[3]으로 건물이 크게 흔들리면 가구가 흉기가 될 수 있다. 이렇듯 고층 건물의 위험성에 대해 다양한 지적이 있다. 한편 재해 상황뿐만 아니라 평상시에도 설비의 배관이 손상되어 누수가 발생하면 일반 아파트에 비해, 수리 공사를 대대적으로 할 수밖에 없다.

또한 초고층 생활이 가능한 것은 엘리베이터와 급수 및 배수시설 등을 가동시키는 전기 덕분이다. 동일본 대지진 이후 수도권의 아파트에서 정전(계획 정전을 포함)으로 엘리베이터가 멈추고, 펌프가 정지해 수도와 화장실을 사용할 수 없고, 입구의 자동문이 열리지 않는 등 여러 가지 문제가 발생했다.

정전이 초고층 맨션에만 문제 되는 것은 아니지만, 초고층 맨션 거주자는 비상시 스스로 계단을 오르내릴 수 없는 경우 꼼짝없이 고층에 고립되는 고층 난민이 될 위험이 항상 존재한다.

그래서 이런 교훈을 바탕으로 최신 초고층 맨션 중에는 자가발전장치를 확충하는 건물도 증가하고 있다. 어떤 초고층 맨션 홍보책자를 보면 자가발전장치가 24시간, 길게는 72시간 가동한다고 씌어 있다. 그러고는 주석처럼 아주 작은 글씨로 이렇게 설명한다. "비상용 자가발전장치는 어디까지나 비상용 엘리베이터, 공용조명, 입구의 자동문, 급수 펌프 등에 전력을 공급하기 위한 것으로, 정전 중에는 평상시처럼 자유롭게 엘리베이터로 오르내릴 수 없다."

---

3 파동이 긴 지진으로, 고층 건물에 특히 더 심각한 피해를 주는 것으로 알려져 있다—옮긴이.

자산 가치 하락과 관리 부실

물론 비상사태가 발생하는 일은 극히 드물기 때문에 이러한 재해 위험성을 충분히 인식하고 구매한다면 문제없다고 생각할 수도 있다. '대기업 자회사가 관리하고, 지금은 문제없으니 안심이다'라고 생각하기 쉽다. 그러나 분양 아파트의 유지관리는 소유자들의 조합이 어떤 의식과 능력을 가지고 있느냐에 따라 달라질 수 있기 때문에 매우 불안정한 구조라는 점을 인식할 필요가 있다.

초고층 맨션은 일반 맨션에 비해 건물의 상층부, 중층부, 하층부 구매자 간 소득 계층이 다르고, 세대와 가족 구성이 다양하기 때문에 관리 조합이 다양한 사정을 가진 소유자 간의 합의를 형성하고, 장기적으로 아파트의 유지관리를 하는 것이 과연 가능한지에 대해서는 전문가들도 의문이 든다는 목소리가 많다. 그리고 아파트의 유지관리를 관리 회사에 전적으로 맡기면 허술한 관리와 임기응변식 수리를 할 우려가 있다. 신축 당시 분양 회사가 설정한 수선충당금만으로는 대규모 수리를 할 수 없는 시점이 오면, 자산 가치가 크게 하락하거나 최악의 경우 관리 부실 상태에 빠질 위험마저 있다. 대규모 수리 등으로 수선충당금이 부족하거나 재해 등으로 돌발적인 수리가 필요할 경우, 수선해야 할 내용과 각 가구가 지출해야 할 금액에 대한 합의를 이루지 못하면 관리가 부실해져 불량 주택이 될 수도 있는 것이다.

초고층 맨션 한 동 전체가 임대주택일 때는 소유자가 기업인 경우가 많아 사업자가 자산 가치 유지와 수익 확보를 목적으로 유지관리를 제대로 할 가능성이 높고, 합의 형성이 필요한 경우에도 다수의 소유자로 나뉜 경우에 비해 논의하기가 한층 수월할 것이다. 그러나 분양한 초고층 맨션은 한 동에 500~1,500가구가 거주한다는 점에서, 집주인이 너무 많을 뿐만 아니라, 거주용인지 투자용인지 취득 목적과 집주인의 소득 계층, 세대, 가족 구성, 국적 등이 다양해 합의를 형성하기가 어렵다.

마지막으로 초고층 맨션의 수명이 다했을 때, 구분 소유권을 해소하고 건물을 해체하는 합의 형성이 가능한지, 해체 비용을 어떻게 산출할 것인지, 일반적인 공동주택에서도 해결하기 어려운 분양 맨션의 말기 문제가 초고층 맨션에서는 더욱 심각해 해결점을 찾기 어려울 것이라는 점 등을 우려할 수밖에 없다.

주민 간 소원한 관계

분양 맨션은 구매자인 구분(區分) 소유자 전원으로 구성된 관리조합이 복도와 엘리베이터, 배관 등 공용 부분의 유지관리와 수리뿐만 아니라 건물을 미래에도 계속 사용할 수 있도록 장기적으로 대규모 수선을 하게 된다.

구분 소유자는 관리규약 등을 지키며 관리비나 수선충당금을 제대로 지불해야 하며 구분소유법[4]에 따라 모두가 관리조합원[5]이 되기 때문에 총회의 결의에 참가하는 '권리'를 얻는 대신 아파트 공용 부분의 유지관리를 해야 할 '의무'가 있다. 맨션을 구입한 이상 관여하고 싶지 않더라도 관리조합에서 탈퇴할 수 없다. 맨션을 구입한 구분 소유자 본인이 거주하지 않고 임대하는 경우에도 구분 소유자의 공용 부분 유지관리 의무에는 변함이 없다.

맨션의 유지관리에 문제가 발생할 경우 관리조합 이사회는 구분소유법에 따라 총회를 열고 일정 수 이상 구분 소유자의 동의를 얻어 결의해야 한다. 관리조합의 이사가 된 구분 소유자는 관리회사의 지원이 있더라도, 관리조합의 업무에 시간과 노력을 들여야 한다. 이러한 관리조합의 활동은 결국 구분 소유자 몇 명의 봉사정신에 의지할 수밖에 없다. 향후 입주자의 초고령화와 다국적화가 이루어지면 합의 형성이라는 장애물뿐만 아니라 관리조합의 담당자 부족 문제가 심화될 우려도 있다.

분양 맨션이라는 '공동주택'에 사는 것은 건물 전체 구분 소유자와의 '운명 공동체'에 참여하는 것이다. 분양 맨션의 자산 가치는 단독주택 이상으로 거주자에 의해 형성된 커뮤니티의 상황에

---

4 한국의 경우, 집합건물의 소유 및 관리에 관한 법률 - 옮긴이.
5 한국의 경우, 관리단 - 옮긴이.

크게 좌우된다는 위험을 포함한다는 사실이 중요하다.

그러나 실제로 초고층 맨션 구입자는 호텔 같은 생활을 구입한다는 의식이 강해 주민 간 관계 형성이 약하고 관리조합과 같은 귀찮은 일에 관련되고 싶지 않다든가, 맨션의 유지관리 등에 무관심한 경우가 많다. 모든 구분 소유자가 관리비를 지불해야만 적절한 유지관리가 가능하다. 그러나 실제로 총 가구수가 많은 대규모 맨션일수록 관리비를 체납하는 가구 비율이 높고, 500가구 넘는 대규모 아파트 5개 동의 경우 체납 주택이 총 가구 중 10%가 넘는 것으로 밝혀졌다(표 1-5).

한편 직접 거주하기 위해 구입한 경우에도 독신의 구분 소유자가 사망한 후 상속인이 없거나 연락이 닿지 않아 관리비를 부과하기 어려운 경우도 생길 수 있다.

초고층 맨션은 가격이 잘 하락하지 않기 때문에 투자용으로 구매하는 경우가 많아, 신축 당시부터 이미 집주인이 거주하지 않는 여유주택이나 임대주택이 늘어나고 있다. 투자용으로 구입한 사람에게는 올림픽 전에 고가로 되팔려는 머니게임의 대상일 뿐이므로 장래에 계속 살기 위해 자산 가치를 유지하고 향상시키려는 생각이 약한 경우도 있다. 따라서 미래 투자 가치가 저하될 경우 관리비를 체납하는 구분 소유자의 비율이 높아질 위험이 있다.

초고층 맨션의 부실관리 문제에 가장 심각한 영향을 받는 것은 투자용으로 돈을 벌려는 구분 소유자가 아닌 수십 년짜리 주택담

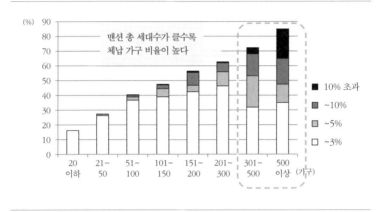

(%)

맨션 총 세대수가 클수록
체납 가구 비율이 높다

■ 10% 초과
■ ~10%
□ ~5%
□ ~3%

20
이하
21~
50
51~
100
101~
150
151~
200
201~
300
301~
500
500
이상 (가구)

표 1-5 맨션 총 세대별 3개월 이상 관리비 체납 가구의 비율
국토교통성, 2013년 맨션 종합 조사 자료 참고

보대출을 받아 주택을 구입하고 일상생활을 영위하려는 거주자
다. 이러한 사람들이 자신의 일상생활을 지키기 위해 관리조합에
서 분투하는 것만으로는 합의 형성 과정에 장애물이 너무 많다.

그러므로 적어도 초고층 맨션을 매매할 경우에는 구입 후 예상
되는 다양한 위험에 대해 판매자가 구매자에게 정보를 미리 제공
하도록 의무화할 필요가 있다.

이처럼 분양 초고층 맨션 관리는 일반 맨션보다 훨씬 어려워
현재의 구분소유법이나 관리조합의 구조만으로는 해결하기가 어
렵다. 주택·건설업계는 물론 국가도 이 문제에 대해 충분히 인식
하고 있지만 모르는 척하는 것인지, 하자담보책임 등 법률에서 정

한 문제 이외에는 구분 소유자가 알아서 해결하도록 내버려두는 실정이다. 이런 상황 속에서도 구매자에게 엄청난 위험을 안기는 초고층 맨션은 여전히 계속 건설되고 있다.

초고층 맨션 건설의 배경

왜 도쿄 연안 지역 등 특정 지역에만 50층 이상의 초고층 건물을 지을 수 있는 것일까? 국가와 지방자치단체가 해당 지역의 도시계획 규제를 특별히 대폭 완화하기 때문이다.

예를 들어, 도쿄 도 주오 구는 〈표 1-6〉과 같이 많은 땅이 용적률 등 도시계획 규제를 대폭 완화할 수 있는 '재개발 등 촉진 지구[6]를 정하는 지구계획'이 적용되는 구역이다. '재개발 등 촉진 지구를 정하는 지구계획'이란 이용률이 낮거나 없는 토지의 이용 형태 전환과 시가지 재개발에서 도로와 넓은 보도, 광장 등을 개발자 부담으로 만드는 등 공공 공헌을 교환 조건으로 용적률을 할증해주고 높이 규제, 용도 규제 등을 완화해주는 제도로, 지자체가 도시계획에 따라 결정한다.

요코하마 시와 오사카 시처럼 다른 도시에서도 도시계획 규제

---

6 한국의 경우 재정비촉진지구에 해당한다 - 옮긴이.

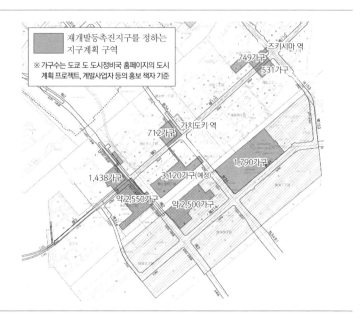

재개발등촉진지구를 정하는 지구계획 구역

※ 가구수는 도쿄 도 도시정비국 홈페이지의 도시 계획 프로젝트, 계발사업자 등의 홍보 책자 기준

즈키시마 역
749가구
531가구
712가구
가치도키 역
1,790가구
1,438가구
3,120가구(예정)
약2,550가구
약2,500가구

표 1-6 주오 구의 규제완화형 지구계획 구역
주오 구 도시계획 개요(2016년 6월 17일 작성)

가 완화되어 초고층 맨션이 건설되고 있다. 이러한 규제 완화는 1980년 이후 다양한 형태로 확대되어, 지금은 일반적으로 적용되고 있다. 도시계획 제도 이외에도 공개 공지(일반인에게 개방되어 자유롭게 통행하고 이용할 수 있는 공터) 등 일정한 요건을 충족하고 지자체의 허가가 있으면, 도시계획 절차를 거치지 않고, 부지 단위로 용적률 등의 완화가 적용되는 제도(건축기준법의 종합 설계 제도)가 있어서 초고층 맨션 개발에 이 종합 설계 제도를 이용하는 경

우가 많다. 또한 부지 조건에 따라 이러한 규제 완화 없이 초고층 맨션 건설이 가능한 경우도 있다.

이처럼 지자체가 적극적으로 도시계획 규제를 대폭 완화하면서 초고층 맨션 건설을 밀어주는 이유는 '도심 거주 추진'과 '시가지 재개발'을 위해서라고 말하는 경우가 많다. 용적률 등의 완화로 매각하거나 임대할 수 있는 면적을 늘림으로써 사업 채산성을 향상시키고, 사업 추진이 곤란하다고 여겨지는 시가지 재개발 사업을 원활히 추진할 수 있게 하기 위해서라는 것이다.

도심 공동화와 시가지 재개발

그렇다면 도심 거주와 시가지 재개발을 왜 추진하는 것일까?

대도시 도심에서는 1980년대 중반부터 1990년대 초반의 거품 경기로 인해 높은 임대료를 받을 수 있는 오피스 건물이 대량 들어섰고, 이에 따라 땅값이 급등했다. 그 결과, 도심부 임대주택의 임대료가 상승하고 땅 투기가 난무해, 도심 거주자들이 점점 빠져나가 야간 인구가 급격히 감소했다.

예를 들면, 주오 구에서는 1960년에 약 16만 1천 명이던 인구가 1995년에는 약 6만 4천 명으로 감소했다. 그리고 거품 경기 전부터 도심의 땅값이 급등한 것도 한몫해 샐러리맨들이 거주가 가능한 가격대의 주택을 찾아 교외로 옮겨갔다.

이 때문에 도시계획과 주택정책은 '도심 거주 추진'을 오랜 현안으로 삼아왔다. 한편, 도심 거주를 추진하기 위해 도시를 정비하려고 해도 역 근처는 이미 토지가 세분화되어 많은 건물이 세워져 있기 때문에 토지를 정리하지 않으면 이용할 수 없거나 도로나 공원, 버스 터미널 등 도시로서의 기본적인 기반이 정비되지 않는 등, 적재적소에 필요한 시설을 짓기 어려운 문제도 있었다. 도심 공동화 문제가 심각해지기 전인 1969년에 이미 '도시재개발법'이 제정되었다.

토지가 세분화되고 노화된 목조건물이 밀집해 재해에 약하고 도로와 공원이 부족한 문제를 안고 있는 지역에서 세분화된 토지를 하나로 합쳐 개발함으로써 토지를 효과적으로 이용하고 도로와 공원 등 공공 공간도 잘 정비해 안전하고 쾌적한 지역으로 재편·갱신하는 '도시재개발'을 원활하게 진행하기 위해서였다.

도심에 비교적 가까운 연안 지역에서는 산업 구조의 변화에 따라 대규모 공장, 항만 시설, 창고, 화물조차장 같은 시설의 철수와 이전이 늘어나면서 이용률이 낮아지거나 사용하지 않는 땅은 물론 지자체 스스로 개발 주체가 되어 매립한 광대한 땅이 수요 예측에 실패한 결과 손도 대지 못한 채 그대로 남아 있는 문제도 해결해야 했다.

미국과 유럽 같은 선진국에서도 탈공업화로 인해, 도시계획 규제 완화와 세제, 금융 등의 우대 조치를 실시하면서 폐쇄된 항구와 공장, 화물조차장 등 이용률이 저조한 지역을 사무실, 상업시설, 주택 등이 복합적으로 구성된 매력적인 해안 지역으로 전환하는 재개발을 추진하는 등, 이러한 경향은 세계적인 추세다.

이런 가운데 1980년대 나카소네(中曽根) 내각에서는 민간의 도시 개발 투자를 촉진하기 위한 규제 완화가 정치적 지상명제가 되었다. 이에 따라 공민 파트너십형 개발(민간 활력)로 부족한 도로와 공원 등을 정비하면서 토지의 유효 이용과 고도 이용을 가능하게 하는 새로운 도시계획이 논의되어, 1988년 재개발지구 계획 제도가 도입되었다. 이 제도는 나중에 '재개발 등 촉진 지구를 정하는 지구계획'이라는 명칭으로 바뀌어 최근 초고층 맨션이 계속 들어서는 연안 지역 곳곳에 적용되고 있다.

특히 거품 경제가 무너진 이후 2000년대 고이즈미(小泉) 정권은 경기 부양, 불황 대책 등의 경제 대책과 민간 활력[7] 도입 시책으로 도시계획 규제, 건축 규제 완화를 적극적으로 진행했다.

도쿄 도는 이시하라 신타로(石原慎太郎) 도쿄 도지사 시절 전략적으로 정책 유도형 도시 만들기를 전개하기 위해 '도쿄의 새로운 도시 만들기 비전'(2001년 10월)이라는 기본 방침을 선포했다. 이

---

7 private sector vitality. 정부, 자치단체를 대신해 민간 부문의 자본과 경영을 통해 대규모 프로젝트를 실행하는 것을 말한다. 정부가 민간에 부과했던 각종 규제를 완화하고 폐지해 민간 기업의 활력을 되찾게 하려는 일련의 경제정책이다 – 옮긴이.

비전은 '도심 거주 추진'과 '시가지 재개발'을 진행하기 위해 중심 지역(도쿄 도 도심고속도로 중앙 순환선 내부 지역과 연안 지역 등) 안의 복합시가지 구역에서 도시개발 제반 제도[8]를 활용해 용적률 등을 완화할 수 있도록 했다.

광활한 규제 완화 지역

여기서 문제는 도쿄 도가 '도심 거주 추진'을 위해 용적률 등의 규제를 완화시킨 지역이 너무 넓다는 것이다.

도쿄는 용적률 완화가 가능한 지역을 역 주변 등으로 한정해 지정한 것이 아니라, 도심고속도로 중앙 순환선 안쪽과 연안 대부분을 포함한 매우 광대한 지역으로 지정했다. 그 결과, '시가지 재개발'과 '도심 거주 추진'을 도모하기 위해 특히 창고나 공장부지, 매립지 등에 대한 대폭적인 규제 완화가 적극적으로 이루어져 대규모 초고층 맨션이 들어선 것이다. 그럼 왜 도심뿐만 아니라 연안 지역까지 용적률 완화 지역으로 지정되었을까?

그것은 거품 경제의 붕괴로 1996년 오다이바(予定)에서 개최

---

8 도시개발 제반 제도는 도시계획법의 특정 가구(街区. 번지를 정리하기 위해 작게 나눈 시가지의 구획) 제도, 재개발 등 촉진 지구를 정하는 지구계획 제도, 고도 이용 지구, 건축기준법의 종합 설계 제도 등을 가리킨다.

예정이었던 세계도시 엑스포가 중지되었고, 2008년 금융위기 등으로 연안 지역에 광대하게 남아 있는 공장이나 물류 시설, 창고 부지의 이용 전환과, 이용률이 낮거나 제로인 매립지의 개발을 촉진하는 것이 오랜 숙원 사업이었기 때문이다. 또한 연안 지역에서 정비되지 않은 간선도로의 연결 도로 개발을 유도하고 추진함으로써 간조 2호선 같은 주요 도로의 정비를 촉진하려는 행정적인 의도가 영향을 미친 것으로 추정된다. 이러한 이유로 연안 지구에는 도시계획 규제 완화뿐만 아니라, 국가의 인증을 받아 세제 및 금융 등의 특례 조치 혜택을 받는 특구로 지정된 지역도 있다. 즉, 광대한 연안 지구의 거의 모든 곳에서 재개발을 추진하기 위한 조건만 갖추어지면 개발 사업자가 용적률 등의 대폭적인 완화 혜택을 받을 수 있다.

도시계획 규제 완화는 도시계획심의회(지자체의 도시계획에 관한 사항을 조사, 심의하기 위한 부속 기관)의 회의를 거쳐 도지사와 시장이 결정하거나 허가한다. 그러나 지자체 담당자와 개발 사업자가 사전 협의를 거친 최종 계획안을 심의하기 때문에 논의 자리에서 다양한 의견이 나오더라도 크게 변경되는 경우는 거의 없다.

특히 문제는, '도심 거주 추진'에 필요한 주택 유형이나 주택 수의 목표량을 설정한 후 그 목표량을 구역별로 할당해 도시계획 규제 완화를 실시하지 않는다는 점이다. 즉, 현재 도시계획과 주택 정책은 전체 주택 수를 고려하지 않아 초고층 맨션으로 공급되는 가구 수가 점점 증가하는 사태를 막지 못한다.

예를 들어, 연안 지구의 어느 구역에서는 현재 3개 동의 초고층 맨션 건립을 포함한 시가지 재개발 사업이 진행되고 있다. 이 구역은 원래 용적률이 400%(일부 600%)로 지정되어 있음에도 도시계획 규제의 대폭적인 완화로, 최고 1,070%까지 올라가 3천 가구의 신규 주택이 공급될 예정이다.

개별 프로젝트 내용이 충실한지는 제쳐두고, 이 지역에 3천 가구를 수용할 주택을 짓는 것이 타당한지는 신중한 검토도, 조정도 하지 않는 것이 현실이다.

공공 기여라는 명분

특정 개발 프로젝트만 용적률 완화를 허용하는 것은 불공평하다고 느끼는 사람도 있을 것이다.

초고층 맨션을 건설하기 위해서는 개발 사업자 등이 제출한 개발 계획서를 기반으로 지자체가 개별 프로젝트에 대한 용적률 완화 타당성 평가 등의 절차를 밟는다. 이때 지자체는 광장 같은 열린 공간을 창출하는 등 해당 개발 사업의 지역 환경 정비와 개선에 대한 기여도 등을 규제를 완화하는 명분으로 삼는다.

도쿄 도에서는 개발 사업자가 제출한 개발 프로젝트 내용이 해당 지역 및 주변 시가지의 개발에 기여하는 정도 및 도쿄 도가 바람직한 도시 만들기 정책으로 미리 육성하기로 정한 용도와의 적합성 여부 등을 종합적으로 평가한 후 용적률 상향을 허가하고 있다. 기여도 평가 대상에는 도로, 공원, 산책로 같은 공공시설, 보행자 통행로와 지하철 출입구 등 공공 목적의 개방 공간뿐만 아니라 주택, 육아 지원 시설, 노인 복지 시설 등도 포함된다.

문제는 용적률 상향 허가를 위한 평가 대상에 공공시설뿐 아니라 주택도 포함된다는 점이다. 즉, '도심 거주 추진'이라는 명목으로 주택 용적률 규제를 완화해 주택 과잉 사회를 조장하는 구조가 내재된 것이다.

한편, 민간 개발 사업자 입장에서는 장기적으로 재개발 사업의 성공에 명운이 달린 임대주택과 임대 오피스 빌딩 운영에 비해 사업 위험성이 낮은 초고층 맨션 분양을 재개발 프로젝트에 적극적으로 포함시킨다. 그러므로 재개발 사업 구조에서 초고층 맨션이 넘쳐나는 추세는 멈출 기미가 보이지 않는다.

허울뿐인 공공시설로 얻은 용적률 상향

시가지 재개발 사업으로 만들어진 수많은 초고층 맨션 중에는 그 프로젝트가 없었다면 실현 불가능했을 것이라고 평가할 정도로 공공 기여도가 높은 경우도 있다. 하지만 솔직히 공공 기여로 만들어진 광장과 산책로 등 개방 공간이, 상당한 용적률 상향의 교환 조건이 될 만큼 효용성이 높은지 의문스러운 경우도 있다.

예를 들면, 계획 당시에는 광장이 재해 발생 시 임시 거주 공간으로 예정되었으나, 건설 후에 보면 고급스러운 분위기를 연출하기 위해 키 큰 나무와 식물들을 배치해 광장으로 사용할 수 있는 면적이 상당히 줄어들어 있다. 이렇게 되면 재해 발생 시 임시 거주 공간 역할을 할 수 있을까?

한편 건설 계획에는 공공 기여로 열거된 보도, 완충 녹지 지역, 방재 창고 등은 일반 맨션을 건설할 때도 맨션 거주자를 위해서나 맨션의 상품 가치를 높이기 위해 당연히 정비하는 경우가 많기 때문에, 용적률 상향을 위해 추가로 조성하는 것인지 판단하기 어렵다. 초고층 맨션 설계 경험이 있는 분으로부터 들은 이야기로는, 초고층 맨션 설계자의 실력은 용적률 상향을 위한 평가 점수를 최대한 높이면서 공공 목적의 개방 시설물을 실제로는 초고층 맨션의 '고급스러움'과 '사생활을 보장하는 느낌'을 내도록 활용하는 것이라고 한다.

그리고 대기업들은 이러한 용적률 상향 평가 점수를 얻기 위한 설계 노하우를 상당히 축적하고 있다. 내가 조사한 초고층 맨션 중에는 광장이라 부르는 개방 공간에 볼륨감 있게 식물을 교묘하게 배치해 맨션 거주자 이외에는 들어가기 어려운 '배타적 분위기'를 자아내게 꾸민 경우도 있다. 이런 사업을 공공 기여라고 할수 있을까?

용적률 규제 완화의 본래 취지는, 지금까지 지역에 부족했던 개방 공간을 창출하고 널리 이용할 수 있도록 하는 것이다. 그러나 지자체의 기계적인 업무 수행과 용적률 상향을 위한 민간의 설계 노하우 축적으로 공공성과 상관없이 도시계획 규제가 대폭 완화되어 초고층 맨션이 계속 들어서고 있는 것이다.

보조금으로 투입되는 막대한 세금

공공 기여라는 명분으로 용적률 등의 규제만 대폭 완화하는 것이 아니다. 사실 지자체는 규제 완화 이외에 상당한 보조금을 투입하는 경우가 있다.

주오 구의 지난 몇 년간 예산을 보면 고층 맨션 건설을 수반하는 시가지 재개발 사업에 대폭적인 용적률 규제 완화와 디불어 한 지구에 70억~90억 엔의 보조금을 지급했다. 초고층 맨션을 포함한 시가지 재개발 사업에 투입된 주오 구의 보조금액[9]은 1가구당 300만~1,200만 엔이다. 이러한 보조금의 절반은 국가에서 나

---

9 보조금액은 주오 구의 매년 「주요 시책의 성과 설명서」, 2015~2016년도 예산(안)의 개요에 따라 산출했다.

오므로 주오 구민뿐만 아니라 모든 국민의 세금이 지출되는 셈이다.

보조금을 지원받는 대상은 권리 조정 작업에 필요한 조사 설계 관련 비용, 제거 비용, 보상비, 공동시설 정비 비용 등이므로 각 주택의 전유 부분에 지출되는 것은 아니다. 단, 보조금 투입으로 초고층 맨션의 상품성에 영향을 미칠 가능성이 있다.

특히 지방도시에서는 시가지 재개발 사업이 보조금에 상당히 의존하는 경우를 볼 수 있다. 반면 도쿄 23구에서는 시가지 재개발 사업에 보조금을 전혀 투입하지 않은 구도 있을 정도로 지자체마다 다르다.

또한 규제 완화를 가능하게 하는 '재개발 등 촉진 지구를 정하는 지구계획'을 정한 경우에는 보조금의 유무에 관계없이 의무적으로 지구계획에서 지정한 광장 등의 개방 공간을 정비해야 하기 때문에 보조금이 없다고 공공시설을 마련할 수 없는 것은 아니다.

시가지 재개발을 효과적으로 추진하는 재정정책

이러한 시가지 재개발 사업에 대한 국고 보조 제도는, 역 앞 광장을 만드는 등 도시 환경 개선을 위한 시가지 재개발 사업이 염원이었던 1970년에 만들어졌다. 보조금의 구조는 고도 경제 성장기의 틀을 재검토도 하지 않고 지금까지 그대로 사용하고 있다. 고소득자를 위한 주택이 대부분인 초고층 맨션 건설이 주목적인 시가지 재개발 사업이 광장을 만들고 보육시설을 설치하는 등 공공 기여를 할지라도 용적률을 큰 폭으로 상향시켜주고 막대한 세금을 보조금으로 지원한다면 심한 위화감을 느끼지 않을 수 없다.

그러나 시가지 재개발 자체가 나쁜 것은 아니라는 점을 인식해야 한다. 대도시 역 주변에 오래된 목조주택이 밀집해 있거나 세분화된 좁은 부지에 높이 솟은 노후한 빌딩이 늘어서 있는 지역에서는 합리적인 토지 이용이 불가능한 경우가 많다. 이러한 도시 환경을 재편하기 위해 재개발 사업 등을 실시하면서, 땅값이 비싸 정비가 어려운 개방 공간과 부족한 보육·고령자 복지 시설 등을 충실히 갖춰나가는 일은 앞으로도 계속 진행되어야 한다.

그리고 다양한 토지권리자 간 합의 형성과 권리 관계 조정을 위해서는 공적 지원 등을 통해 민간 사업자의 참여를 이끌어 도시를 재편하고 재생해나가는 것이 필수적이다.

그러나 일본은 이미 주택 과잉 사회로 진입하고 있다. 과거의 패러다임에 맞춰 '도심 거주 추진'이나 '시가지 재개발'을 위해서 개별 프로젝트마다 다른 관점에서 함부로 규제를 완화하고 보조금을 투입해 주택 수를 늘리고 거주지를 확대하는 시대는 지났다는 사실을 전제로 해야 한다.

도시계획 전문가인 사사키 쇼지(佐々木晶二)는 재개발 사업의 보조금과 정책금융의 역할 분담 방향에 대해 이렇게 지적한다.

사회 보장비가 일반 회계 기준으로 1조 엔 이상 자연 증가하는 어려운 재정 상황에서, 같은 효과가 발생한다면 보조금처럼 현 세대에서 자금이 고갈되는 제도보다 정책금융 제도를 이용해 그 자금을 나중에 회수해 차세대에서도 정책 수단으로 이용할 수 있도록 예산 배분을 중시하는 재정정책 관점에서 논의해야 한다.

즉, 시가지 재개발 사업에 대한 보조금을, 무이자 대출 등의 정책금융으로 바꾸는 것을 본격적으로 검토해야 한다.

도심 거주 추진 성과

그렇다면 '도심 거주 추진'이라는 목표는 어떻게 되었을까?

도쿄 도 주오 구는 1995년 6만 3,923명으로 사상 최저 인구를 기록한 뒤, '정착인구 10만 명'을 기본 구상 목표로 내걸고 도시계획 완화를 통한 적극적인 주택 개발 유도 정책을 실시했다. 그 결과, 특히 연안 지역에서 초고층 맨션 등이 건설되어 인구가 V자로 회복해, 2006년에 정착 인구 10만 명 목표를 달성했다(표 1-7).

그러나 초고층 맨션을 동반한 시가지 재개발 사업 등 규제 완화

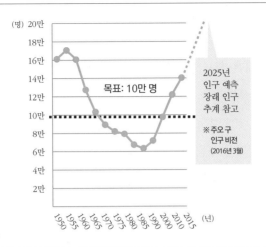

(명) 20만
18만
16만
14만
12만
10만
8만
6만
4만
2만

목표: 10만 명

2025년
인구 예측
장래 인구
추계 참고

※주오구
인구 비전
(2016년 3월)

1950 1955 1960 1965 1970 1975 1980 1985 1990 2000 2010 2015 (년)

표 1-7 도쿄 도 주오 구 인구의 V자형 회복
국세조사 참고

를 수반하는 '도심 거주 추진' 정책은 멈출 줄 모른다. 정착 인구 10만 명 목표를 달성한 후에도 인구가 계속 증가해 현재는 14만 명을 넘어섰다. 앞으로도 연안 지역에는 초고층 맨션을 비롯한 개발이 계속 이어질 예정이다.

주오 구 인구 비전(2016년 3월)의 장래 인구 추계에 따르면, 인구의 자연적 증감, 사회적 증감, 개발 등의 경향이 앞으로도 계속되면 도쿄 올림픽이 끝난 뒤인 2025년에는 약 20만 5천 명에 달할 것으로 전망된다.

물론 도심과 가까운 연안 지역에 민간의 활력을 유입해 많은 사람이 생활할 수 있도록 주택을 개발하는 것은 도심 거주 정책의 중요한 기둥 중 하나였다. 거품 경제의 붕괴나 금융위기에서 빠져나올 경제 대책이라는 정치적 판단도 있었을 것이다. 부동산 시장 측면에서도 오피스와 상업 시설의 수요가 별로 없었기 때문에, 초고층 맨션이 집중적으로 공급될 수 있었다.

지자체도 교실 부족 문제가 뻔히 예상되더라도, 사전에 공표한 기준과 가이드라인에 부적합한 경우가 아니라면 규제 완화를 허용할 수밖에 없었을 것이다.

그러나 문제는 아무리 다양한 사정이 있다고 할지라도 규제 완화 정책을 중지할 계기도, 명확한 목표도 없이 현재 개발 붐이 멈추지 않고 있다는 사실이다.

최근 도쿄에서 진행되는 개발 프로젝트 중에는 협소한 지역에 초고층 맨션을 마구 건설하고 공공 투자를 반복해 과밀한 주거 환경을 만드는 경우도 있다. 초고층 맨션은 앞서 말한 것처럼 불량 주택이 될 위험도 있는데, 그전에 주택이 과밀해져 마을 전체가 매력적인 주거환경을 잃을 우려마저 있다.

도대체 언제까지 '도심 거주 추진'이라는 명분으로 개별 프로젝트마다 규제를 완화해 이런 상황을 방관할 것인가?

동일본부동산유통기구의 도시 현황 트렌드 자료에 따르면, 도쿄 도내의 중고 맨션 재고 건수는 2015년 5월부터 17개월 연속 전년 같은 달 수치를 웃돌고 있다. 2015년 5월 1만 7,736가구였던 중고 맨션의 재고 건수는 2016년 9월에 2만 5,395가구로 17개월 만에 1.43배 증가했다.

중고 맨션의 시세는 기본적으로 수요와 공급에 따르며, 재고가 넘치는 상황에서는 필연적으로 부동산 가격이 하락한다. 그렇기 때문에, 같은 지역에 경쟁 매물이 많거나 한시라도 빨리 현금화하고자 하는 판매자는 큰 폭으로 할인해서 판매한다. 일단 이렇게 가격 하락이 시작되면, 다른 지역에서도 연쇄적으로 부동산 가격 하락이 일어나며, 지역 전체로 주택 자산 가치 저하라는 불똥이 튈 위험이 있다.

이제는 도쿄에서도 세대수라는 파이가 지금까지처럼 증가하지 않는다. 그리고 사회보장 비용이나 노후화된 공공시설 인프라 정비 비용은 점점 커진다.

더 이상 주택 과잉 사회를 조장하지 않도록 장기적인 관점에서 도시계획과 건축 규제 완화 방향에 대해 진지하게 논의할 시점에 우리는 직면해 있다.

신규 주택이
증가하는 교외와 농지

주택 건설이 집중된 가와고에 시

주택 과잉은 도쿄만의 문제가 아니다. 대도시의 교외나 지방도시의 거리에서 불이 번지듯 신규 주택이 계속 건설되고 있다. 도시와 농촌 마을에서 조금 떨어진 농지 가운데 신규 주택이 들어서는 광경을 많이 볼 수 있다.

사이타마 현 가와고에(川越) 시는 이케부쿠로(池袋) 역에서 기차로 30분 정도 거리에 있는 베드타운으로, 작은 에도라고 불리는 전통적인 창고 건물의 거리로 유명하다.

그러나 최근 가와고에 시 교외에선 도시 농업을 하는 농지와 수림지가 확산되는 가운데 〈표 1-8〉처럼 그 안에 주택지가 무질서하게 뒤얽혀 개발되고 있다.

표 1-8 농지와 수림지에 계속 들어서고 있는 신규 주택(자료: 구글 맵)

　가와고에 시에서는 2006년부터 단독주택과 아파트의 건설이
급격히 증가해 6년 동안 총 155만 제곱미터의 농지와 수림지가
택지로 변경되었다. 그 결과 지금까지 세금을 투입해 기반시설 등
을 정비해온 구 시가지에서는 인구가 감소하고, 교외 농지에서는
인구가 증가하는 현상이 발생했다(표 1-9). 그리하여 일부 지역에
서는 인구가 급증해 초등학교 교실이 부족해 증축해야 하는 도쿄
연안 지역과 유사한 상황에 이르렀다.

　이는 가와고에 시에만 해당하는 특별한 현상이 아니다. 전국적
으로 지금까지 세금을 투입해 정비한 중심 시가지와 뉴타운의 인

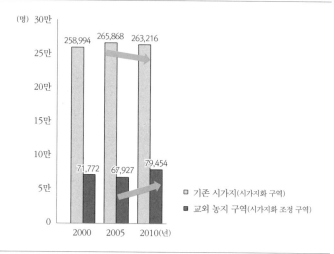

표 1-9 가와고에 시의 인구 추이
가와고에 시립 적정화계획책정연구회 자료 참고(2015년 7월)

구는 감소하는 반면, 교외의 농지는 무질서하게 택지화되어 신규 주택이 계속 들어서고 있다.

원주민과 새로운 주민의 분쟁

교외 농지 구역에 신규 주택이 늘어나는 현상에는 어떤 문제가 있을까?

가와고에 시의 경우 농지 정리 구역에서도 택지화가 진행되었다(표 1-8). 농지 구역이 빈칸을 채워가듯 택지화되면서 농지와 수림지가 급격하게 감소하는 등 자연환경에 문제가 발생했다. 뿐만 아니라 농가나 자치회 등의 불만이 행정기관에 쏟아졌다.

　교외의 농지 면적은 공공 하수도가 연결되지 않은 지역이 많아, 각 부지에 있는 정화조에서 오수가 정화된 후 도로의 도랑 및 농업용 수로에 흘러가게 된다. 이 정화조는 일반적으로 1년에 두 차례 정도 유지관리가 필요하며 비용이 부과된다. 그러나 분양주택의 주민 중 일부가 유지보수를 제대로 하지 않아, 정화가 잘 되지 않은 폐수가 배수구와 농업용 수로, 특히 취수용 수로를 통해 하천 등에 유입되어 악취와 수질 악화 등 영농 환경에 영향을 주기 시작했다. 이러한 배수 문제와 함께 농지에 주거 지역이 뒤얽혀 반대로 새로운 입주자들이 농지의 농약 살포나 퇴비 냄새, 농기구 소리 등에 대해 불만을 터뜨렸다. 또한 새로운 입주민 중에 옛 마을의 기존 주민과 잘 융화되지 않고, 쓰레기 배출 등 생활 매너가 나쁘다거나 자치회 활동과 신규 주택의 생활 폐수를 방류하는 수로 청소 활동에 비협조적인 사람이 있어, 주민들 간에 다툼이 생기거나 주민공동체가 붕괴되는 문제가 발생하기도 했다.

　인구 증가가 반드시 농촌 마을 활성화에 긍정적인 것만은 아니다.

자동차와 인터넷만 있으면 괜찮을까

주거지와 농지가 뒤섞여 있다거나 기존 주민들과 잘 융화될 수 있을지 우려된다고 하더라도 교외의 농지 구역에서 신규 주택을 구입하는 사람들은 아이가 있거나 낳을 예정인 젊은 세대가 많기 때문에 자가용을 이용하면 생활에 큰 지장이 없을 것이다.

차를 타고 조금만 나가면 대형 쇼핑센터와 편의점이 있고, 길가에는 니토리[10], 유니클로, 안경점, 패밀리 레스토랑 등이 들어서 교외나 지방도시의 라이프스타일을 지원하고 있다. 또한 인터넷 쇼핑몰이나 슈퍼마켓의 배달 서비스를 이용하면 외출하지 않아도 대부분의 물건을 구입할 수 있는 시대가 되었다.

교외 지역은 땅값이 저렴해 주택 구매 비용을 절약할 수 있고 정원도 가꿀 수 있다. 주차 공간도 넓게 확보할 수 있다. 이렇게 구매자 입장에서는 교외 신규 주택의 장점이 많은 편이다. 그래서 땅값이 싼 농지 구역의 신규 주택은 판매가 수월한 편이다.

그러나 거주자가 나이가 들어 운전할 수 없게 되면 인터넷만으로는 해결하기 어려운 여러 생활 서비스 면에서 지장을 받을 것이 확실하다. 미래에는 자율주행차가 일반화된다고 하지만, 교통 전문가에 따르면 신체 능력과 판단 능력이 쇠퇴하는 고령자가 전적

---

10 Nitori. 일본의 이케아(IKEA)라 불리는 가구·홈퍼니싱 제품 제조 및 유통업체 - 옮긴이.

으로 자율주행에만 의지해 자동차를 이용하는 것은 아무리 빨라도 수십 년은 지나야 가능하다.

물론 고령자가 되기 전에 교외의 주택을 팔고 이사하면 된다. 그렇지만 주택 담보 대출이 끝난 시기에 매각하려고 해도 주택 과잉으로 구매자가 나타나지 않으면 이사하기가 어려울 수 있다.

가와고에 시 교외의 농지 구역에서 몇 년 전 개발 허가를 받은 토지의 20% 정도가 여전히 매도되지 않은 상태이며, 자동차가 있어야만 접근할 수 있는 위치의 주택들은 이미 수요가 감소하기 시작했을 수도 있다.

인구가 흩어져 사는 마을은 살기 좋은가

앞으로 대도시 교외나 지방도시에서는 빈집화, 공터화된 구역이 여기저기로 점점 번져가는 현상, 즉 인구밀도의 저하가 본격화될 전망이다. 지금까지 정비하고 관리해온 기존 시가지의 빈 토지에 신규 주택을 건설하면 새 주민이 들어와서 인구밀도를 높일지도 모르지만, 앞서 언급했듯 토지 이용 면적이 여전히 해마다 증가하고 거주지를 계속 확대해나가는 한 오래된 시가지 개발을 우선적으로 추진하기는 어렵다.

그렇다면 사람들이 드문드문 거주하는 마을은 앞으로도 계속 살기 좋은 채 유지될 수 있을까?

마을에 적당한 인구가 모여 살지 않으면 행정 서비스인 응급의료, 경찰의 긴급 대응, 상하수도 제공, 도로의 유지관리 및 청소, 쓰레기 수거는 물론 민간 서비스인 택배, 방문 간호, 재택 의료 등 생활에 필요한 서비스 제공이 이동 시간의 비효율 및 재원 부족 등의 요인으로 현재 수준을 유지하지 못할 수도 있다.

수도 사업은 인구 감소에 따른 수요 부진과 더불어 노후화된 설비 교체 부담 등으로 수익성이 이미 악화되고 있다. 신일본유한 책임감사법인과 물안전보장전략기구사무국은 2040년까지 수도요금 인상이 필요하다고 추정되는 사업체 수가 분석 대상 중 98%에 이르며, 이들 가운데 약 절반 가까운 사업체에서는 수도요금을 30% 이상 올리지 않으면 버틸 수 없다고 추산한다.

앞으로 인구의 저밀도화가 더욱 진행되면 지방도시와 대도시 교외의 삶에 필수적인 도로변 대형 쇼핑센터 및 체인점, 주유소는 채산이 맞지 않아 여러 점포가 통폐합하거나 철수하는 경우가 늘어나 생활에 필요한 물건을 구입하려면 지금보다 더 멀리까지 차를 몰고 가야만 할 것이다.

미즈호 은행(みずほ銀行, Mizuho Bank)에 따르면, 1997년 슈퍼마켓 체인점의 2013년 생존율이 이토요카도(イトーヨーカドー, Ito Yokado)는 57%(26개 점포 폐쇄), 이온(イオン, AEON)은 73%(35개 점포 폐쇄, 27개 점포 이전 및 업태 전환)이며, 특히 지방도시에서 폐쇄하

는 점포가 점점 늘어나고 있다. 대도시에서도 이토요카도의 신우라야스(新浦安) 점, 히라시나라시노(東習志野) 점, 센주(千住) 점, 도고시(戶越) 점 등이 잇따라 폐점하고 있다.

공공시설, 교육, 의료, 복지시설도 인구 감소와 재정난으로 통폐합되어 현재보다 광역 지역을 대상으로 하지 않을 수 없을 것이다. 철도와 버스 노선도 축소와 폐지 압박을 받아, 고교생 이하 아이들의 통학 거리가 점점 늘어나며 차가 없거나 운전을 할 수 없는 젊은이와 노인의 생활편의가 급격하게 저하될 것이다.

『주간동양경제』에 따르면 수도권 철도망을 가진 JR동일본선조차 전체 70개 노선 중 18개 노선만 흑자이고, 52개 노선이 적자다. 적자 노선만 있는 지방도시에서는 노선 유지를 위해 지자체가 세금으로 지원하는 경우가 많지만, 언제까지 지원할 재정 여건이 될지 가늠하기 어려워 노선 폐지로 이어질 가능성이 높다.

이처럼 인구 감소와 인구밀도 저하에 따라 다양한 문제가 서서히 압박해온다. 장기적으로 보면 인구 저밀도인 교외 주택들은 주택 자체의 품질은 논외로 치더라도 주변 마을을 포함한 주거환경이 지금처럼 좋은 상태로 유지될지 장담할 수 없다는 점을 인식할 필요가 있다.

무분별한 신규 주택 건설의 이면

도시계획법에서는 기본적으로 국토 중 도시계획법을 적용하는 구
역을 도시계획 구역[11]으로 정하고 있다.

어느 정도 큰 도시는 이 도시계획 구역을 시가지로서 적극적으
로 개발, 정비하는 '시가지화 구역'과 원칙적으로 시가지화를 억
제해야 할 '시가지화 조정 구역'으로 구분할 수 있다. 그리고 이렇
게 구분하는 것을 도시계획업계 용어로는 '선 긋기'라고 부른다.
시가지화 구역은 도시계획 구역 중 표면적으로는 이미 시가지를
형성하고 있는 구 영역과 대체로 10년 이내에 우선적이고 계획적
으로 시가지화를 도모할 적극적인 개발, 정비 대상이다.

반면, 시가지화 조정 구역은 원칙적으로 시가지화를 억제해야
하는 구역으로, 무질서한 시가지화를 방지하고 뛰어난 자연환경
등을 보호하기 위해 농가 주택 및 농림과 어업에 필요한 건물의
건축은 인정하지만, 농민이 아닌 주민을 위한 주택 개발은 인정하
지 않는다. 단, 관광 촉진 등을 위한 개발에 대해서는 일정한 기준
(도시계획법 제34조의 입지 기준)을 채우면 특례 조치로서 개발 허가

---

11   도시계획 구역은 사람이나 사물의 움직임, 도시의 발전을 예상해 하나의 도시로서 파악
할 필요가 있는 지역으로 도도부현이 지정한다. 도시계획 구역은 도시의 실제 확산에 따라
결정하기 때문에, 크기는 하나의 시정촌의 행정구역 안에 포함되는 작은 구역부터 여러 시
정촌에 걸친 넓은 구역도 있다.

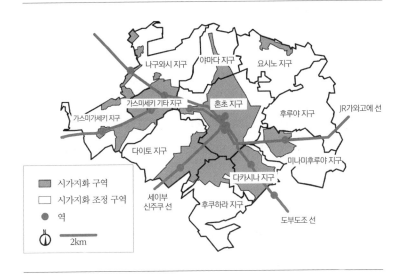

표 1-10 가와고에 시의 시가지화 구역 및 시가지화 조정 구역
가와고에 시 도시 계획도에 따라 작성

를 내준다.

이처럼 시가지화 조정 구역에서 이루어지는 대부분의 개발은 자치단체의 개발 허가가 필요하다.

가와고에 시는 〈표 1-10〉과 같이 시가지화 구역과 시가지화 조정 구역이 지정되어 있다. 일반적으로 건물들이 늘어선 도심 지역은 시가지화 구역으로, 교외에 펼쳐진 농지가 많은 영역은 시가지화 조정 구역으로 지정되어 있다.

그렇다면 이러한 도시계획법에 의한 개발 규제에도 불구하고 왜 가와고에 시의 교외 농지 구역에서 2006년부터 주택 건설이 급격히 증가했을까?

역시 도시계획 규제 완화 추세와 관계가 있다.

거품 경제 붕괴 이후 경기 부양 정책과 그에 따른 민간 활력 도입 시책을 배경으로 도시계획과 건축 규제 완화가 잇따라 시행되었다. 앞에서 언급한 것처럼 특히 대도시에서는 초고층 맨션이 마구 건설되었다. 그리고 같은 시기에 교외 지역에서도 시가지화 조정 구역의 개발 허가 기준이 대폭 완화되었다. 구체적으로는 2000년 도시계획법 개정에 의해 개발 허가 권한이 있는 자치단체가 발행 허가 기준에 관한 규제 완화 조례[12]를 정하면 시가지화 조정 구역에서 택지 개발이 가능해진다.

가와고에 시에서는 의회와 부동산업계, 일부 농지 소유자가 도시계획법의 규제 완화 조례 제도를 활용해 시가지화 조정 구역의 규제 완화를 추진해달라고 강력하게 요구했다. 당시 가와고에 시에서도 인구 증가 의지가 강해 2006년 5월 조례를 시행하고, 시가지화 조정 구역의 규제를 완화했다. 그런데 가와고에 시에서는 규제 완화 가능 지역을 지정할 때 규제 완화 가능 지역을 명확하게

12　도시계획법 제34조 제11호에 시가지화 구역에 근접하고 자연적, 사회적 조건에서 시가지화 구역과 같은 일반생활권을 구성하고 있다고 인정되는 지역으로 대개 50채 이상의 건축물이 연속으로 서 있는 지역 중 개발 허가 권한을 갖고 있는 자치단체가 조례로 정한 지역에서 건축물의 용도가 주변 지역의 환경 보전에 지장을 주지 않을 경우에 개발이 허용된다고 규정되어 있다.

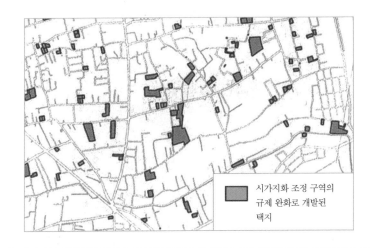

시가지화 조정 구역의
규제 완화로 개발된
택지

표 1-11 가와고에 시의 규제 완화로 개발된 주거 지역
가와고에 시가 제공한 자료를 토대로 공익재단법인인 도시 계획 협회에서 필자가 작성

지정하지 않고 전면 도로의 폭이나 배수 등의 요건이 맞으면 개발
을 허용한다는 단서만 달았다.

이로 인해 농지 관련 규제가 엄격해 택지 개발을 할 수 없는 구
역 이외에는 전면 도로의 폭이나 배수 등의 요건만 갖추면 시가
지화 조정 구역 어디서나 택지 개발이 가능해졌다. 그 결과, 개발
허가가 난 전체 면적(2006년 5월부터 2012년 2월 말까지)은 약 156만
제곱미터에 달하며, 〈표 1-11〉과 같이 원래 농지와 숲이었던 토지
대부분이 무질서하게 택지화되었다. 그 결과 농지 구역에서 인구

밀도가 낮은 거주지가 곳곳에 계속 확산된 것이다.

중심 시가지 개발 의욕을 꺾는 도시계획

가와고에 시에서는 시가지화 조정 구역의 과도한 규제 완화가 진행된 결과, 〈표 1-12〉와 같이 개발 허가 면적의 비율이 시가지화 구역보다 시가지화 조정 구역에서 더 크게 웃돌았다. 즉, 시가지화 조정 구역의 규제 완화 직후부터 본래 도시계획으로 시가지화를 촉진, 유도해야 하는 시가지화 구역보다 시가지화를 억제해야 할 시가지화 조정 지역의 신규 주택 개발이 더 활발하게 이루어지고 말았다.

가와고에 시 교외 농지 구역(시가지화 조정 구역)의 신축 분양 물건을 자세히 보면, 땅값이 저렴하기 때문에 토지, 건물 자체를 넓게 해 주차장도 가구당 두 대 정도 확보할 수 있다. 또한 도시계획세[13]도 필요 없어 시가지화 구역보다 가격 경쟁력이 높아 개발 축이 이동한 것이다.

실제로 시가지화 조정 구역에 택지를 개발한 부동산업체 대표

---

13 도시계획 사업이나 토지구획정리 사업에 필요한 비용을 충당하기 위한 목적세. 도시계획세는 최대 0.3%이다.

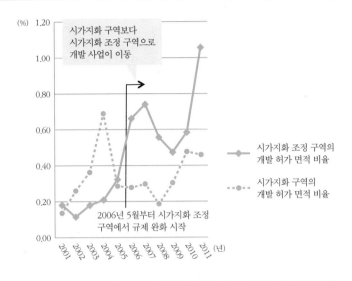

표 1-12 가와고에 시 개발 허가 면적 비율 추이
가와고에 시가 제공한 자료를 토대로 작성

는 이렇게 말했다.

　도시계획 규제가 완화되어 시가지화 조정 구역의 개발이 가능해졌는데, 시가지화 구역보다 가격 경쟁력이 있는 시가지화 조정 구역 쪽이 더 매도하기 쉬워 돈벌이가 됩니다. 그래서 시가지화 조정 구역의 개발에 다수 손을 댔지만, 개인적으로는 마치 거품 경제 시대처럼 시가지화 조정 구역에서 주택 건설 러시가 일어나, 농지가 무질서하게 택지화되는 추세에 위기감을 느꼈죠. 시가지화 조정 구역의 규제 완화가 없어지면, 시가지화 구역에서 원래 하던 개발 사업에 전념하고 싶습니다.

본래 개발을 억제해야 할 땅값이 싼 농지의 규제를 완화해 근처에 있는 시가지화 구역의 개발 의욕 저하를 초래했다는 것을 알 수 있다. 이 상태가 지속되어 시가지화 구역의 개발이 지체되면 미래에는 시가지화 구역의 인구밀도가 낮아지고 세금을 투입해 정비해야 하는 하수도 사업 같은 기반사업이 제대로 운영되지 않을 위험에 처할 수 있다.

한편, 도시계획세도 시가지화 구역의 개발 의욕을 꺾는 요인이다. 토지와 건물을 소유하고 있으면 당연히 세금을 내야 한다고 생각하는 사람이 많겠지만 시가지화 조정 구역의 토지와 가옥에는 도시계획세가 과세되지 않는다. 도시계획세는 재산세와 달리, 하수도 정비와 토지구획정리 사업 등 도시계획 사업을 위해 과세하는 목적세이기 때문이다.

가와고에 시에서는 시가지화 구역보다 도시계획세가 불필요한 시가지화 조정 구역의 개발 쪽이 주택 분양 회사는 물론 구입자에게도 이점이 커서 지금까지 정비해온 시가지화 구역의 개발 의욕을 빼앗는 요인이 된 것이다. 매년 도시계획세를 납부하고 있는 시가지화 구역 주민들로부터 당연히 "너무 불공평하다!"는 의견이 나온다.

  이렇게 다양한 문제가 발생한 가와고에 시에서는 새로운 시장이 취임하고, 정부가 콤팩트시티(3장에서 자세히 설명한다) 개념을 내세우는 바람에 2011년 9월 말 시가지화 조정 구역의 과도한 규제 완화 정책을 전반적으로 폐지했다. 시장의 의지로 규제 완화 경과 조치 기간도 일반적인 경우보다 훨씬 짧게 하여 한시라도 빨리 무질서한 개발에 제동을 걸자는 큰 전환이 이루어졌다. 최근 가와고에 시는 장기적인 관점에서 입지적 정화 계획이라는 구체적인 콤팩트시티 정책에 착수했다.

지역 간 인구 쟁탈

가와고에 시에서 시가지화 조정 구역의 규제 완화를 도입한 것은 인구 증가와 지역 활성화를 위해서였다. 그렇다면 인구 증가에 어느 정도 효과가 있었을까?

  가와고에 시의 인구 추이를 살펴보면 규제 완화 조례 시행 기간 동안 33만 2,846명(2006년 1월)에서 34만 4,900명(2012년 1월)으로 약 1만 2,000명 증가했다. 숫자만 보면, 인구 증가에 효과가 큰 것처럼 느껴지지만 자세히 분석하면 인구 증가 원인은 대부분 시가지화 조정 구역의 규제 완화 효과가 아니었다.

가와고에 시는 주민기본대장 자료를 통해 시가지화 조정 구역에서 규제 완화를 실시한 약 5년간(2006년 5월 18일부터 2011년 9월 30일) 전입·이동자를 분석했다. 도시 전체로 보면 지난 5년간 시외에서 시내로 전입한 인구는 약 11만 4천 명이고, 시가지화 조정 구역의 규제 완화 지역으로 전입한 인구는 약 1천 명으로 1%에도 못 미쳤다.

또한 전입·이동의 종전 거주지를 살펴보면 가와고에 시내가 31%, 인접한 시내가 38%로, 약 70%가 가와고에 시내 또는 인근이었다. 좀 더 광역 기준으로 보면 가와고에 시의 히키(比企) 권내(가와고에 시, 사카도 시, 쓰루가시마 시, 히가시마쓰야마 시 등)로 보면 농지를 없애면서 좁은 권내에서 인구 이동이 발생했을 뿐, 권역 외부에서 권역 내부로 전입자가 크게 증가한 것은 아니라는 것도 알 수 있다. 즉, 인구 증가를 목표로 본래 시가지화를 억제해야 할 시가지화 조정 구역의 농지에서 도시계획 규제 완화를 통해 시내와 권역 인구를 서로 빼앗았을 뿐 전입자의 증가를 가져오는 효과는 제한적이었다는 것이다.

별 효과도 없이 농지를 없애 무질서하게 택지화한 결과 인구밀도가 낮아지면서 인프라 등의 유지관리 비용 및 행정 서비스 대상 영역만 확대되어 행정 서비스의 효율성이 악화되고 행정 비용이 증가하는 악순환을 일으킨 주범은 바로 '화전식 도시계획'이라고 할 수 있다.

전국으로 확대되는 화전식 도시계획

이처럼 문제가 많은 시가지화 조정 구역의 규제 완화는 가와고에 시뿐만 아니라 개발 허가 권한을 가진 시정촌[14] 전체의 30% 정도에서 이루어졌다.

규제 완화에 의한 시가지화 조정 구역의 개발 허가 건수가 특히 많은 지자체는 다카사키(高崎) 시, 구라시키(倉敷) 시, 미토(水戶) 시, 우쓰노미야(宇都) 시, 마에바시(前橋) 시, 오타(大田) 시, 하마마츠(浜松) 시, 구마모토(熊本) 시, 가조(加須) 시, 쓰쿠바(筑波) 시 등으로 산업시책에 적극적인 자치단체가 많은 것이 특징이다. 이런 시정촌 중에는 농지 구역에 중구난방으로 주택을 건설해 모처럼 산업 입지 요청이 들어와도 마땅한 부지가 없는 경우도 볼 수 있다. 또한 이런 시정촌 안에서나 인근 시정촌끼리 '화전식 도시계획'의 악영향으로 인구 쟁탈전이 벌어지는 사례도 볼 수 있다.

예를 들어, 와카야마(和歌山) 시는 인근 이와데(岩出) 시와 기노카와(紀の川) 시로 이전하는 인구가 점점 늘어나자, 2001년 가와고에 시처럼 시가지화 조정 구역의 규제 완화 조례를 도입하고, 2005년에는 기준을 대폭 완화했다. 그 결과, 시가 상정한 지역보다 점점 바깥쪽으로 개발이 진행되어, 시가지화 구역과 시가지화

---

14 市町村. 일본의 행정구획 명칭, 한국의 시, 읍, 면과 비슷하다 – 옮긴이.

조정 구역이 구별되지 않는 지역이 나오기도 하고, 농지 구역에 벌레 먹은 것처럼 주택이 띄엄띄엄 건설되었다. 와카야마 시 근교의 지역신문 「뉴스 와카야마」에 따르면 "지나친 개발로 논이나 밭에 주택이 건설되어 농민이 농업에 전념하기 어려워졌다". 시가지화 조정 구역의 부동산업자도 "주택 과잉 상태에서 규제 완화가 지나치면 전체 주택의 가치가 내려간다. 상식적인 규제가 필요하다"고 말할 정도로 상황이 심각했다.

그래서 와카야마 시에서는 2017년 4월부터 시가지화 조정 구역의 과도한 규제 완화 조례를 검토하고 규제 완화가 가능한 지역을 기차역과 초등학교 주변 등 지역 거점 주변으로 한정하는 조치를 단행했다. 와카야마 시는 홈페이지를 통해 "교외 지역에서도 마을이 분산되고 있어 이대로는 확산된 거주지에 대해, 쓰레기 수거 및 도로·상하수도 등의 정비, 복지 제공 등의 행정 서비스를 제공하는 것이 비효율적이어서, 시민 여러분의 생활에 영향을 미칠 것입니다"라고 공지하기에 이르렀다.

어떻게든 인구를 늘리고 싶다

화전식 도시계획이 성행한 것은 다른 시정촌이야 어찌 되든, 우리 지역 인구를 무조건 늘려야 한다는 강한 인구 지상주의 경향이 크게 작용한 탓이다. 특히 자치단체장과 의원 대부분은 '시가지화 조정 구역의 규제를 완화하고 신규 주택을 건설하면 인구가 증가한다'고 굳게 믿고 있다.

농지 소유자도 농사로는 돈을 벌기 어렵고, 고령화로 농사를 짓기 힘든데 이어받을 사람이 없다는 이유로 농업을 포기하고 농지를 택지 개발업자에게 매각하거나 임대 아파트를 건립할 수 있도록 규제를 완화해달라고 요구하는 경우가 많다. 시가지화 조정 구역의 개발 허가 기준이 완화되면, 그전까지는 농지에 부과되는 아주 낮은 세금을 부담하다가, 농업을 그만두고 부동산 회사 등에 매각할 때는 입지에 따라 차이가 있긴 하지만, 농지가 아닌 택지 기준을 약간 밑도는 정도의 가격으로 매각하는 경우도 있다. 따라서 농지 소유자들은 매우 강하게 규제 완화를 요구한다. 또한 땅값이 싼 농지 구역에서 주택을 건설하는 것은 부동산, 건설업계에도 장점이 있기 때문에, 규제 완화는 여기저기서 환영받는다.

농지 소유자와 부동산·건설업자는 조직적으로 뭉쳐 선거에 영향을 끼치며, 이렇게 선출된 자치단체장과 의원들에게 영향력을 행사한다.

실제로, 와카야마 현에서는 니사카 요시노부(仁坂吉伸) 지사가 시가지 확대와 우량 농지가 벌레 먹은 듯 분산되어 개발되는 것을 막으려고 우량 농지의 전용을 엄격히 제한하는 정책을 추진하려 하자 이해관계자들이 영향력을 행사하며 반발했다. 2016년 3

월 와카야마 현 의회에서는 "택지로 전용할 수 없다면 인구 유출이 가속화될 것이다", "농가 이익의 침해로 이어진다"는 등의 반발이 너무 거세 우량 농지의 전용을 엄격히 제한하는 정책을 철회하기도 했다. 교외의 농지를 전용해 거주지의 면적을 넓히는 화전식 사고가 의원들에게 여전히 뿌리 깊이 박혀 있다는 것을 알 수 있다.

내가 참여하고 있는 지자체의 위원회에서도 이런 사안에 대해 논의할 때마다 "시가지화 조정 구역의 농촌 마을이 엄격한 개발 규제로 인해 인구가 급속히 줄어들고 있어 인구를 늘리기 위해 규제를 완화해야 한다"고 강하게 주장하는 단체장이나 의원이 있다.

나도 이처럼 인구가 급속히 줄어드는 농촌 마을의 활성화는 필요하다고 생각한다. 그렇지만 그것이 목적이라면 농촌 마을을 중심으로 주변의 일부 농지에 신규 택지를 개발할 수 있도록 제한적으로 규제를 완화하고, 그 지역이 다 개발된 다음에 규제 완화 구역 확대 여부를 검토하는 것이 필요하다고 생각한다.

그런데 인구를 늘리기 위해 농지 구역에 '가능한 한 넓게' 개발 허가 구역을 설정하고 법령이 허용하면 '거의 어디든 개발 가능'해진다. 그 결과, 모처럼의 개발 수요가 본래 필요한 농촌 마을 살리기와 지역 활성화에 연결되지 못하는 실정이다.

개발 허가 제도는 전문가들 사이에서도 어려운 문제다. 그러나 시민들이 무관심하다보니 지금까지 이슈가 된 적이 거의 없고, 규제 완화 일변도로 진행된 것이다.

최근 지방창생[15]의 일환으로 2014년 11월 '마을·사람·일 창생법'을 제정하고, 그다음 달에는 '마을·사람·일 창생 장기 비전'과 '마을·사람·일 창생 종합전략'이 결정되어, 각 지자체에서 '인구 비전'과 '마을·사람·일 창생 종합전략'이 진행되고 있다. 이런 가운데 인구 감소에 위기감을 느낀 자치단체가 해당 지역의 인구만 증가하면 된다는 근시안적인 관점에서 또다시 도시계획 규제 완화를 정치적으로 이용하지 않기를 바랄 뿐이다.

---

15 地方創生. 인구와 고용 감소로 고통받는 지방자치단체의 활성화를 목표로 하는 정책 - 옮긴이.

임대 아파트 과잉 공급으로
빈집이 증가한다

멈추지 않는 임대 아파트 건설

대도시의 교외나 지방도시에서 〈사진 1-4〉처럼 수요가 없을 것
같은 위치에 왜 임대 아파트를 건설하는지 이상하다고 느낀 적

사진 1-4 농지 구역에 계속 건설되는 임대 아파트

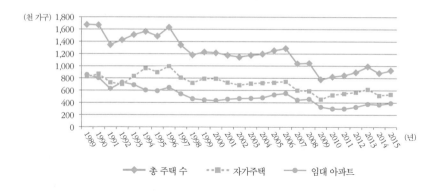

표 1-13 전국 신설 착공 임대 아파트 수의 추이
국토교통성, 주택 착공 총계 참조

이 있는가? 최근 수요를 전망하기 어려운 장소에 임대 아파트 건
설이 증가할 뿐만 아니라, 실제로 입주자가 거의 없는 공실투성이
임대 아파트도 늘어나고 있다.

전국의 빈집 실태 내역을 자세히 보면 총 빈집 수의 52.4%(429
만 가구)가 임대형이다. 그리고 임대형 빈집은 해마다 증가하고 있
다. 한편, 새로 건설되는 임대주택의 수는 1년에 약 35만 가구에
이르며 감소할 조짐은 보이지 않는다(표 1-13).

임대주택이 계속 건설되는 것은 고령화와 후계자 부족 등의 이
유로 농업을 그만두는 농가가 증가함에 따라 임대 아파트 사업으
로 전환하려는 토지 권리자가 증가하는 탓도 있다. 특히 집주인이
건설한 물건을 전문 업체가 일괄적으로 빌려, 장기간 임대 수익을

보장하는 '전대차'라는 구조를 이용해 임대 아파트 사업을 하는 토지권리자도 증가하고 있다 .

먼저 전대차의 구조에 대해 생각해보자.

임대 아파트 증가를 뒷받침하는 전대차

TV 광고나 신문 광고 등에서 '30년 일괄 전대차, 임대 보증으로 안심 토지 활용'이라는 문구를 본 사람이 많을 것이다. 또한 주차장과 농지 등의 보유자 중에는 영업자가 방문해 "그 땅에 주택을 짓고 자산 운용을 하지 않겠습니까? 임대 아파트 경영은 상속세 등의 절세 효과도 있습니다. 당사가 일괄 차용하여 월세 수익도 보장하고 번거로운 관리도 모두 해드리겠습니다!"라는 제안을 받은 경험도 있을 것이다. 〈표 1-14〉처럼 전대차는 일반적으로 건물 관리 회사가 소유자에게서 건물을 일괄 차용해 입주자에게 전대하는 것을 가리키는데, 공실이 생겨도 수수료를 제외한 집세를 보증하는 유형이 주류를 이루고 있다.

임대주택 사업은 토지를 활용해 상속세 및 재산세를 줄이고 임대 수입을 얻을 수 있는 장점을 기대할 수 있다. 갱지[16]에 임대 아

---

16 更地. 토지에 대한 공법적인 규제는 받지만 사법상 일체의 제약을 받지 않는 토지로, 지상에 건축물이 없는 택지 – 옮긴이.

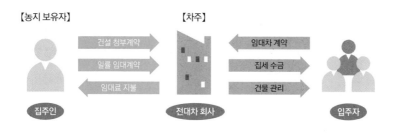

【농지 보유자】　　　　【차주】

집주인 ← → 건설 청부계약 → 전대차 회사 ← 임대차 계약 → 입주자
　　　　일률 임대계약 →　　　　　← 집세 수금
　　　　← 임대료 지불　　　　　　← 건물 관리

표 1-14 일반적인 전대차의 구조

파트를 건설하면 갱지 상태이거나 자가주택을 세운 경우보다 상속할 때 토지의 평가액이 내려가기 때문에 상속세를 아끼는 데도 유효한 것으로 알려져 있다. 또한 임대주택은 자가주택보다 재산세 경감에 효과적이라고 널리 인식되어 있다. 임대 소득이 있으면 납세를 위한 자금을 확보할 수도 있다.

　이러한 임대 아파트 사업을 전대차로 하는 경우, 장점은 무엇일까? 공실 유무에 관계없이 매월 일정한 임대료를 서브리스[17] 회사에서 받을 수 있고, 서브리스 회사가 입주자 모집 및 건물 유지관리는 물론 입주자와의 임대차 계약과 갱신·퇴거 수속 등 번거로운 절차를 맡아준다는 점, 문제가 생겨도 입주자와 직접 상대하지 않아도 된다는 점 등이다.

17　Sub-lease. 부동산 소유자에게서 건물을 일괄 임차한 뒤 타인에게 전대하는 시스템 - 옮긴이.

토지 소유자 입장에서는 임대 아파트 경영의 위험을 서브리스 회사가 부담하는 등 장점만 보기 쉽다. 그러나 '30년간 일괄 차용' 같은 서브리스 회사의 광고는 어디까지나 '30년간 계약 가능합니다'라는 것이며, 처음에 설정한 임대료가 30년간 계속 보장되는 것은 아니다. 계약서에도 (작은 글씨로) 쓰여 있지만, 실제로도 몇 년마다 임대료가 조정될 것이다. 그 때 주변의 임대 아파트 시세 등에 따라 감액될 가능성도 있다. 서브리스 회사의 임대료 감액 청구에 집주인이 동의하지 않을 경우, 중도 해약될 수도 있다.

입주자는 가짜일지도 모른다

전대차 시스템에서는 임대 아파트 건설을 서브리스 회사 또는 관련 건설 회사에서 수행하는 것이 일반적이며, 대부분의 경우 서브리스 회사는 임대 아파트 건설만으로 대부분의 이익을 얻게 되어 있다. 즉, 전대차 계약은 임대 아파트의 건설을 도급 계약하기 위한 도구로 이용되어, 서브리스 회사에는 아무런 위험부담이 없는 매우 영리한(?) 비즈니스 모델이다. 또한 전대차 계약 기간 동안 리모델링 및 수리도 서브리스 회사가 지정하는 건설 회사에서 하지 않으면 안 되거나, 서브리스 회사의 지시에 따라 유지, 보수를 하지 않으면 계약이 해지되는 등 서브리스 회사는 손해 보지 않는 구조로 되어 있다.

이러한 전대차 계약에 대해 설명을 자세히 듣지 못했거나 충분히 이해하지 못한 상태에서 계약을 맺고 임대 아파트 경영에 나선 고령자가 많다. 실제로 전대차 계약을 둘러싼 상담 문의가 소비자청(한국의 소비자원)으로 들어오고, 재판까지 가는 경우도 있다.

집주인은 임대 경영의 노하우가 없기 때문에 서브리스 회사에 경영을 맡기지만, 전대차 시스템에서 집주인은 전대인, 서브리스 회사는 전차인이다. 즉, 부동산 노하우가 풍부한 전차인인 서브리스 회사 쪽이 전대인인 집주인에 비해 약자로서 법적으로 보호받는 대상인 것이다.

「전국임대주택신문」에 따르면, 2013년 상위 50위까지의 임대주택 관리 회사가 전대로 관리하는 주택의 수는 약 290만 가구에 이른다. 대기업 계열 임대주택 관리 회사가 관리하는 임대주택(약 477만 가구)의 약 60%가 전대 형태다. 전대라는 시스템은 임대주택 관리 회사의 주요한 사업 부문인 것이다.

서브리스 회사는 임대주택 건설이 주목적이기 때문에 임대주택의 시세가 떨어지거나 입주율이 저하될 위험이 있고 수요를 그다지 기대할 수 없는 곳이라도 임대주택 건설을 멈추지 않는다.

예전에 효고(兵庫) 현의 시정촌 도시계획과에서, 악질적인 서브리스 회사가 가짜 입주자를 이용해 사기를 치는 경우도 있다는 이야기를 들은 적이 있다. 임대 아파트 완공 후 서브리스 회사에서 가짜로 입주자를 입주시킨 뒤, 기간이 어느 정도 경과한 다음 퇴거시킨 경우다. 빈집이 되어 주인이 불안해하자, 임대 수요를 유발하기 위해 리모델링을 하자고 권유해 리모델링 공사로 돈을 버는 등 임대 아파트 경영에 대한 노하우가 없는 집주인에게서 돈을 갈취하는 악덕업자도 있다고 한다.

이 효고 현의 시정촌에서도 시가지화 조정 구역 일부 지역에서 공동주택 건설을 허용했는데 농지를 이용한 임대 아파트만 증가했다며 도시계획과 담당자는 "공동주택 건설은 규제 완화 대상에서 제외해야 한다"고 개인적인 견해를 밝히기도 했다.

하뉴 쇼크

NHK의 연출자가 임대 빈집 문제에 대해 취재를 요청한 뒤 연구실로 찾아온 적이 있다. 그때 도시계획 관점에서 임대 빈집이 급증해 문제가 된 하뉴 시에 대해 이야기를 나눴는데, 그 뒤 〈클로즈업 현대〉라는 방송 프로그램에서 하뉴 시의 문제가 보도되었다.

이 프로그램을 계기로 '하뉴 쇼크'라고 말할 정도로 도시계획 업계에서 과도한 규제 완화가 불러온 주택 공급 과잉 문제가 주목받았다. 이러한 사태는 하뉴 시에서만 일어난 문제가 아니라 다른 지방도시, 대도시 교외 어디에서든 발생할 위험성이 있다.

	2013년의 빈집 비율	2003년 ➡ 2013년 변화		
		총 주택 수 증가율	빈집 수 증가율	임대 아파트 빈집 증가율
하뉴 시	12.7%	1.19	2.03	2.14
교다 시	12.4%	1.15	1.48	1.38
가조 시	9.9%	1.28	1.62	1.13
구키 시	8.7%	1.12	1.31	1.19

표 1-15 사이타마 현 하뉴 시 주변 지자체의 임대 빈집 상황
2003년·2013년 주택·토지 통계조사에서 산출

하뉴 시는 사이타마 현과 군마(群馬) 현의 경계에 위치한 인구 약 5만 6천 명(2016년 2월)에 이르는 도시로, 시내 중심가는 의류산업이 발전하고 주위는 비옥한 전원인 농지 구역이다. 주요 교통수단으로는 도부(東武) 철도 이세사키(伊勢崎) 선, 지치부(秩父) 철도, 도호쿠(東北) 자동차도로, 하뉴 인터체인지 등이 있다. 이 지역의 인구는 2000년을 정점으로 감소 추세에 있다.

하뉴 시에 가면 농지 곳곳에 여러 임대 아파트가 들어선 광경을 볼 수 있다. 2013년 빈집 비율은 12.7%로 전국 평균 13.5%보다는 낮지만, 빈집 수 증가율을 보면 2003년부터 10년간 2배로 늘어났다. 특히 같은 철도 연선 주변의 지자체와 비교(표 1-15)하면, 매우 심각한 상황이다.

하뉴 시는 임대 아파트가 수요를 초과해 대량으로 건설되었으나 입주율이 낮아 시내 전체 주택 활용에 영향을 미칠 뿐만 아니라 입주자가 거의 없는 임대 아파트가 건조 대마초 보관 장소로 이용되는 등 마을 전체의 치안 문제로까지 번졌다. 즉, 임대주택의 공급 과잉이 마을 전체의 자산 가치와 주거환경에 나쁜 영향을 미치는 결과를 낳았다. 이런 현상은 다른 시정촌에서도 얼마든지 일어날 가능성이 높다.

그렇다면 왜 하뉴 시에서 임대 빈집이 증가했을까?

서브리스 회사에 유능한(?) 영업사원이 있었기 때문일지도 모르지만, 지금까지 나타난 결과를 보면 도쿄 연안 지역에 초고층 맨션이 즐비하게 들어서고, 지방도시의 시가지화 조정 구역에 신규 주택 개발이 급증한 것처럼, 도시계획 규제를 과도하게 완화한 영향이 가장 크다.

임대 아파트가 늘어도 인구는 감소한다

하뉴 시의 도시계획에서는 〈표 1-16〉처럼 도부이세사키 선의 하뉴 역 및 미나미하뉴(南羽生) 역, 지치부 철도의 니이자토(新郷) 역 주변을 중심으로 805만 제곱미터가 시가지화 구역으로, 그 주변의 교외 농지 구역(5,050만 제곱미터)은 시가지화 조정 구역으로 지정되었다. 또한 시가지화 조정 구역 중 농업 관련 규제로 원칙적으로 농지가 아닌 용도로 전용할 수 없는 토지는 약 2,200만 제곱미터에 이른다.

하뉴 시는 사이타마 현에서 시가지화 조정 구역 개발 규제 완화를 가장 빨리 시작한 자치단체다. 1996년부터 농촌 마을의 과소화를 저지하려는 지역 사회의 요구가 있었고, 하뉴 시의 인구 증가율이 감소해, 지역 활성화와 인구 증가를 목표로 2005년 4월부터 앞서 소개한 가와고에 시와 같은 시가지화 조정 구역의 개발 허가 규제 완화 조례를 시행했다. 그리고 규제 완화가 가능한 건축물로 전용주택, 분양주택, 아파트, 소규모 점포 등을 지정했다.

그때 시가지화 조정 구역의 개발 허가 규제 완화가 가능한 구역으로 농지 외 전용이 어려운 구역을 제외한 대부분의 구역을 지정했다. 지정된 구역 내에서 도로와 배수 시설을 확보하는 등 일정한 요건을 충족하지 못하면 개발이 불가능하지만, 이런 제한에도 불구하고 도로에 인접한 농지부터 개발이 진행되고, 하뉴 시가 지역 활성화 추진 대상으로 설정하지 않은 지역의 주택이 증가하는 등 가와고에 시처럼 농지 구역에 벌레 먹은 것 같은 택지화가 진행되었다. 실제로, 〈표 1-16〉과 같이 중심지에서 거리가 멀어 수요를 기대할 수 없는 지역에까지 곳곳에 임대 아파트가 세워졌다.

하뉴 시는 인구 증가와 지역 활성화를 목표로, 새로운 주민의 정착으로 이어질 단독주택 건설을 촉진하면서, 시가지화 조정 구역의 개발 허가 기준을 완화했는데, 실제로는 단독주택보다는 임

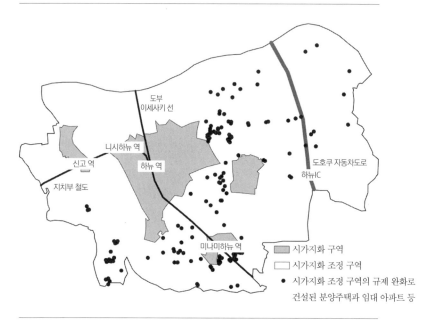

도부
이세사키 선

니시하뉴 역

신고 역

하뉴 역

지치부 철도

도호쿠 자동차도로

하뉴IC

미나미하뉴 역

시가지화 구역

시가지화 조정 구역

시가지화 조정 구역의 규제 완화로
건설된 분양주택과 임대 아파트 등

표 1-16 시가지화 조정 구역에 지어진 분양주택 · 임대주택
하뉴 시가 제공한 자료를 토대로 공익재단법인인 도시계획협회에서 필자가 작성

대 아파트가 150동이나 건설되었다. 게다가 주택 수가 늘어나도 인구 감소가 멈추지 않았다. 덧붙여서, NHK의 취재에 따르면 신축한 임대 아파트 90% 이상이 서브리스 회사와 관련되어 있었다.

하뉴 시에서는 매년 임대 아파트가 크게 증가해 입주율 저하와 임대 아파트 경영 압박 등이 문제가 되자 규제 완화에 대한 재검토가 이루어졌다. 2015년 7월부터 시가지화 조정 구역의 개발 허가 규제 완화가 가능한 건물의 용도는 전용주택과 분양주택에 한정해 임대 아파트를 개발할 수 없게 했다.

하뉴 시의 규제 완화 조례 재검토에 관한 퍼블릭 코멘트[18]의 답변에는 이렇게 적혀 있다.

> 임대 아파트의 대폭적인 증가로 시가지화 조정 구역의 낮은 입주율과 시가지화 구역의 주택 경영 압박, 그리고 '빈 임대 아파트 문제' 발생 등 새로운 과제가 우려됩니다. 하뉴 시에서도 인구 감소, 초고령화, 중심 시가지 공동화가 진행되고 있어, 도시 기능 집약화(콤팩트시티)는 마을 만들기와 관련해 커다란 과제입니다. 이런 '현재의 과제'나 '법의 취지'에서 볼 때 거주민 정착 효과가 적은 임대 공동주택과 임대 단독주택은 도시 기능의 일부로서 시가지화 구역에 집약하도록 유도해나가야 한다고 생각합니다. (중략) 또한 '도시계획법'의 취지를 감안하면 시가지화 조정 구역의 신규 개발은 시장 원리에 맡길 문제가 아니라 규제 대상으로 보입니다.

하뉴 쇼크라고 부를 만한 임대 공동주택의 공급 과잉이 마을 전체에 영향을 끼친 것이다.

---

18 Public Comment. 행정기관이 명령·규칙·기준 등을 제정하거나 개정·폐기할 때, 미리 원안을 공지하고 시민들의 의견을 폭넓게 수렴해서 결정하는 제도 - 옮긴이.

농업 의욕 저하의 결과

향후 전국적으로 상속세 문제, 농민의 고령화와 후계자 부족 등으로 인해 농업 의욕이 저하될 우려가 있기 때문에 농지 전용 움직임이 점점 더 가속화될 수 있다. 따라서 주택은 공장 같은 리스크가 없다는 이유로 자치단체에서 장려해야 할 주택의 유형을 제대로 조사하지 않고 안이하게 도시계획 및 건축 규제 기준을 설정할 경우 수요가 없는 지역에서도 금세 임대 아파트 건설이 증가할 위험이 있다. 1장에서는 시가지화 조정 구역의 규제 완화에만 집중했지만, 전국적으로도 수요를 전망할 수 없는 지역에 임대 아파트가 계속 건설되고 있다.

교통이 편리한 지역 등 입지가 좋은 곳에서 임대 아파트 사업을 한다면 안정적인 자산 운용이 가능하므로, 전대가 모두 나쁜 것만은 아니다. 또한 현실적으로 농지 소유자가 막상 농업으로 돈을 벌지 못하고, 후계자가 없거나 상속세 대책이 필요한 경우 등 다양한 문제를 안고 있다.

그러나 시대가 변해 전국의 임대주택 1,852만 가구 중 429만 가구가 빈집이다(2013년 주택·토지 통계조사). 4채 중 1채가 빈집인 것이다.

이런 상황인데도 시가지화를 억제해야 할 지역에서 시가지화 조정 구역의 규제를 완화하면서까지 임대 아파트 건설을 지속할 필요가 있는지 생각해보아야 한다. 규제 완화가 임대 아파트 공급 과잉을 불러일으켜, 마을 전체의 임대료 하락과 공실 급증 등 외부불경제[19]를 유발할 위험성이 없는지 충분히 고려해 도시계획 규제 완화 방식을 근본적으로 재검토해야만 한다.

---

19 생산자나 소비자의 경제활동이 시장거래에 의하지 않고 직접적으로 또 부수적으로 제3자의 경제활동이나 생활에 영향을 미치는 것을 외부경제 효과라고 하는데, 그 영향이 이익일 경우엔 외부경제, 손해일 경우엔 외부불경제라고 한다 - 옮긴이.

제2장

노후 주택과
낡은 주거환경

사진 2-1 사용하고 버려진 주택

사진 2-2 재자연화하는 주택

주택은
일회용이 될 수 있는가

거주지가 확대되면서 신규 주택이 계속 건설되는 한편, 지금까지 정비해온 마을에 빈집이 늘어나 마을이 스펀지처럼 구멍이 뻥뻥 뚫린 모양이 되기 시작했다. 2장에서는 주택과 주거환경의 질과 관련된 '노화'의 관점에서 주택 과잉 사회가 안고 있는 구조적인 문제를 살펴본다.

재자연화가 시작된 주택단지

오사카 시에서 조금 떨어진 교외 주택단지에 가면, 마을의 '스펀지화 현상'이 다른 마을보다 유난히 빨리 나타나는 광경을 볼 수 있다.

〈사진 2-1〉과 〈사진 2-2〉는 도심에서 50킬로미터권, 사이타마 현의 거의 중앙에 있는 도부도조(東武東上) 선 마츠야(松山) 역에서

3킬로미터 떨어진 구릉지에 있는 주택단지 중 하나다. 이 주택단지에서는 방치된 빈집이나 토지가 흔할 뿐 아니라 방치된 빈집이 나무와 식물 넝쿨로 뒤덮여 마치 '재자연화'를 시작한 것처럼 보이는 곳도 쉽게 발견할 수 있다.

이 주택단지는 가장 가까운 철도역까지 약 3킬로미터, 슈퍼마켓까지는 2킬로미터 이상 되어 자동차가 없으면 생활하기 어려운 구릉지다. 주택단지에 있는 초등학교에는 한 학년이 10~25명으로 전교생이 100명을 넘지 않는다.

개발한 지 40년이 넘어 주택이 노후화되었을 뿐만 아니라 거주자의 노화도 진행되고 있다. 그렇기 때문에 거주자의 수명이 다한 뒤 상속인이 계속 거주하면 좋지만 거주하지 않을 경우 노후화된 주택을 어떻게 할지 '주택의 말기 문제'가 대두된다.

이 주택단지에서는 팔고 싶어도 살 사람을 찾기 어려운 상황인지, '43평 염가에 팝니다'라고 손으로 쓴 팻말(소유자의 전화번호가 쓰여 있다)이 공터에 세워져 있어, 소유자가 중개인을 통하지 않고 직접 매입자를 찾으려는 모습도 볼 수 있다.

소유자 부재와 불명

빈집과 공터가 증가해도 상속인이 제대로 관리한다면 주변의 주거환경에 끼치는 영향이 그렇게 크지 않을 것이다. 상속인이 명확하다면 인근 거주자가 공터를 구입하고 싶다거나 텃밭, 주차장을 만들기 위해 그 땅을 빌리고 싶을 때 상속인과 협상하여 빈집과 공터를 사용할 수 있다.

그러나 토지와 건물의 소유자가 연락이 되지 않는 상황이거나, 상속인이 없거나 상속인을 모르는 경우에는 문제가 심각할 수 있다. 〈사진 2-3〉처럼, 실제로 자치회에서 연락이 안 되는 토지 소유자를 향해 '지주님, 오시면 연락 바랍니다'라는 팻말을 설치하기도 한다.

사진 2-3 자치회가 연락이 안 되는 땅주인을 향해 내건 팻말

토지와 건물 소유자가 불명확한 이유는 상속할 때 소유권 이전 같은 등기 명의 변경이 이루어지지 않은 채 방치되거나, 상속인이 먼 곳에 살아 관리하지 않고 내버려두거나, 상속을 포기하는 경우가 많기 때문이다. 앞으로 관리도 상속도 하지 않은 채 방치된 토지나 건물이 전국적으로 급증할 위험성이 높아지고 있다.

실제로 동일본 대지진 당시 토지 소유자가 부재하거나 불명확해서 이전 용지 취득에 시간이 많이 걸려 부흥사업의 발목을 잡았다는 얘기도 있다.

대도시에서 멀리 떨어진 교외 주택지에서는 마을 곳곳에 빈집이 늘어나는 스펀지화뿐만 아니라 버려진 주택 문제, 더 나아가 소유자 부재와 불명의 문제 등이 나타나고 있다. 더욱 난감한 것은 주택을 건설하고 택지를 조성하는 것은 계획이 가능한 데 반해, 버려지는 주택에 대해서는 사전에 예측이 불가능해 어떤 계획도 세울 수 없다는 점이다.

주변 토지 매입에 나서는 지역 부동산업체

단독주택이 펼쳐지는 교외 주택지에서는 활용이 불가능한 빈집을 해체하여 인접한 농지 거주자나 지자체 등이 텃밭 또는 주차장으로 사용하고, 가능하다면 인접한 빈집들을 한꺼번에 정리해 주택 수를 줄이고 농지를 확대함으로써 도시와 달리 녹지가 발달한 주택지로 재편성하는 것이 현실적으로 좋은 대책이라고 여겨진다.

예를 들면, 사이타마 현 모로야마(毛呂山) 정에 있는 제1단지와 제2단지에서는 현지 부동산업체가 나서면서 주변 토지 구입이 증가하고 있다. 모로야마 정 제1단지와 제2단지는 1950년대 후반에 개발된 단독주택 단지로 도쿄 도심에서 50킬로미터권 내, 도부오고(東武越生) 선 역 앞에 입지해 있다. 국토기술정책종합연구소의 조사에 따르면, 2004년에 이미 제1단지에서는 966구획 중 152건, 제2단지에서는 612구획 중 81건이나 인접 부지 구매가 이루어졌다.

예전에 내 연구실에서 연구생이 이 지역 부동산을 조사한 적이 있는데, 부동산 회사가 인접지 소유자에게 빈집과 빈 땅 매매를 권유해 인접지 매매가 증가하는 계기가 되었다고 한다. 이 단지에서 인접지의 매매가 많았던 이유는 평균 부지 면적이 제1단지가 66제곱미터, 제2단지가 89제곱미터로 원래 부지 규모가 작아 주차장이나 가정 텃밭용 부지를 확대할 수요가 있었고, 토지 거래가격이 3.3제곱미터당 10만 엔 전후(1구획에 200만~300만 엔 정도)로 지가가 낮았기 때문이라고 한다.

하지만 빈 땅, 빈집의 소유자나 상속인이 불분명해 인접지를 구매하고 싶어도 불가능한 경우가 많아 민간 부동산업자가 나서도 수고한 것에 비해 이익이 거의 없는 상황이다. 인접지 매매 증가를 촉진하려면 여러 과제가 선결되어야 한다.

이처럼 빈집, 빈 땅이 급증하는 주택지를 재편성하기 위해서는 소유자와 연락이 안 되거나, 상속자가 없거나 알 수 없는 경우 원만하게 대응할 수 있도록 소유, 상속, 등기와 관련된 법제도를 개정하고 인접지 매매 촉진을 위해 현지 부동산이 나서도록 인센티브를 주는 새로운 방식을 고안할 필요가 있다.

빈집의 4가지 유형

노무라종합연구소는 주택 철거와 용도 전환이 제대로 이루어지지 않을 경우, 2023년에는 5채 중 1채가, 2033년에는 무려 3채 중 1채가 빈집이 될 것으로 예측한다. 앞서 언급했듯이 2025년 전후에는 인구의 5%를 점유하는 단카이 세대가 75세 이상의 후기 고령자에 해당해 2035년 전후에는 단카이 세대의 사망자 수가 한꺼번에 증가할 것으로 예상되기 때문이다.

대중매체에서는 지금까지 빈집이 급증하는 문제와 방치된 빈집이 주변의 주거환경과 자산 가치에 영향을 미치는 문제가 부각되어왔다. 하지만 빈집도 여러 유형이고 입지도 다양하므로 상세한 분석을 바탕으로 심사숙고하여 이후의 주택정책과 도시계획을 결정해야 한다.

국가의 주택·토지 통계조사[1]에 따르면 빈집의 유형에는 '임대용 빈집', '매각용 빈집', '2차적 주택', '그 외 빈집'이 있다. '임대용 빈집'과 '매각용 빈집'은 임대와 매각을 위해 일시적으로 빈집이 된 주택이고, '2차적 주택'은 평상시에는 사용하지 않는 별장이나 야근했을 때 가끔 자고 가는 보조 주택이며, '그 외 빈집'은 전근, 입원 등에 따라 장기간에 걸쳐 거주자가 부재하는 주택이나 재개발 등으로 철거 예정인 주택, 빈집 여부 판단이 곤란한 주택이다.

빈집 유형 중 주택정책에서 주목해야 할 것은 '그 외 빈집'이다. 임대용 빈집과 매각용 빈집은 소유자가 나름대로 유지관리할 가능성이 높지만, '그 외 빈집'은 관리가 제대로 되지 않아 언젠가 주변 주거환경에 영향을 미치는 '문제적 빈집'으로 바뀔 위험이 있다.

역에 가까울수록 빈집 비율이 높아지는 모순

국토교통성이 2013년 주택·토지 통계조사를 바탕으로 '그 외 빈

1　주택·토지 통계조사는 통계이론을 기반으로 표본조사(표본이 전국 축도에 가능한 한 가깝도록 조사대상을 도출)하여 국가가 5년마다 실시한다. 거주 세대가 없는 주택(빈집)은 조사원이 외관 등을 보고 판단한다.

집'을 가장 가까운 철도역까지의 거리별로 분석한 결과에 따르면, 전국적으로 단독주택은 역에서 가깝고 편리한 입지인 경우, 오히려 빈집 비율이 높았다. 한편 공동주택은 역에서 멀수록 빈집 비율이 높고 역에서 2킬로미터 이상 떨어진 경우 5채 중 1채가 '그 외 빈집'이었다.

특히 교통망이 비교적 발달한 도쿄 도와 오사카 부의 대도시에서는 단독주택 중 '그 외 빈집'이 역에서 가까워 편리한 입지에 위치한 경우가 많아 불가사의한 상황이었다. 공동주택의 '그 외 빈집'도 빈집 비율은 역에서 먼 쪽이 높았지만 전체 '그 외 빈집' 수는 역에서 가까운 편리한 입지 쪽이 많았다.

한편 도쿄 도와 오사카 부의 역에 가까운 편리한 대도시에서도 이미 '마을의 스펀지화'가 시작되고 있었다.

대도시들은 역 주변부터 개발되었는데, 이후 자동차가 보급되면서 역에서 점점 더 먼 교외 지역에 신규 주택 개발이 이루어졌다. 그래서 중심부에는 오래된 주택이 많고 외곽으로 갈수록 새로운 주택이 많다.

지금까지의 도시계획과 주택정책이 숲에 불을 질러 새로운 경작지를 만드는 화전 방식으로 새로운 주택과 마을을 만드는 일에 주력해, 역에서 가까운 도시 중심부의 중고 주택을 유통하거나 리모델링 또는 재건축하는 일에 소홀했음이 여실히 드러난다.

빈집 증가 억제 목표

2016년 3월, 일본 정부의 주택정책 방침을 나타내는 '주거생활
기본계획(전국계획)'이 결정되었다. 이 계획의 목표 중에는 중고
주택 유통의 시장규모 4조 엔(2013)을 8조 엔(2025)으로 증가시킬
것, '그 외 빈집' 318만 채(2013)를 2025년에 400만 채 수준으로
억제할 것이 새롭게 추가되었다. 하지만 지금 이대로라면 이 목표
를 달성하기 어렵다.

중고 주택 유통 규모의 확대와 '그 외 빈집' 증가 억제를 위해서
는 주택의 공급자와 수요자 모두 신규 주택을 건설하는 경우보다
기존 주택과 마을의 재생에 참여할 경우 주택융자와 세금 등에서
우대받을 수 있는 구조를 새롭게 만들어내야 한다. 이 구조는 단
순히 '그 외 빈집'의 증가를 억제하기 위한 것이 아니라 현재의 마
을을 만들어온 세대를 새로운 세대로 교체하고 마을의 스펀지화
와 황폐화를 조금이라도 막기 위해서 꼭 필요하다.

하지만 한 가지 더 중요한 점이 있다. 그것은 일본의 도시계획과
주택정책이 주택 공급을 시장원리에 맡겼을 뿐, 이미 만들어진 마을
의 신진대사를 만들어내는 의식과 의욕이 부족했다는 점이다.

지방자치단체장, 지방의원과 공무원에게서 "역에서 가까운 중
심부는 토지와 건물 권리 관계가 복잡해 토지 가격이 높으니 무
리"라거나, "중심부 땅은 지주가 팔고 싶어 하지 않는다"라거나,

"젊은 사람은 역 앞에 살지 않아도 자가용을 이용하면 되니까 교외의 주택을 선택한다"라거나, "중고 주택은 인기가 없다"라는 부정적인 말을 자주 듣는다.

이런 이야기를 듣고 있으면 '도시계획과 주택정책이라는 역할을 포기하는 것인가' 하는 위기감이 느껴진다. 정치와 도시계획, 주택정책을 연결하는 어려운 작업에 대해서 '하지 않을 이유'만 찾을 것이 아니라 지금까지 만들어온 마을을 미래 세대에 지금보다 더욱 좋은 유산으로 물려줄 수 있도록 지혜를 짜내야 한다.

빈집이 될 일만 남은
노후 주택

고베 시 쓰루가부토 단지의 대처

고도 경제 성장기에 교외에 만들어진 주택단지에서는 주민의 세대교체가 진행되지 못하고 65세 이상 고령 비율이 상승하고 있다. 예를 들면, 고베(神戸) 시 쓰루가부토(鶴甲) 단지에서는 이미 주민의 고령화 비율이 36%에 달하며 거주자의 세대교체 움직임도 시작되었다.

이 단지(사진 2-4)는 고베 시 나다(灘) 구의 높은 지대(표준 높이 200~300미터)에 1960년대에 개발된 분양 아파트와 단독주택으로 구성된 쇼와 시대(1926~1989)의 전형적인 단지다. 인구는 약 4,500명, 가구수는 약 2,250세대로 단지 내 분양 아파트는 엘리베이터도 없고, 내부 구조는 시대에 뒤떨어지고 주택설비도 노후해

사진 2-4 단지의 재생을 위해 노력하는 쓰루가부토 단지(고베 시 나다 구)

매매가 하락과 빈집화, 임대화가 진행되고 있다. 부동산 검색 사이트에 따르면, 이곳의 분양 아파트 중고 주택 가격은 3DK(약 56 제곱미터 크기에 3Room, Dining, Kitchen 구조)에 250만~550만 엔이다. 그래도 공공기관이 분양한 아파트라 내진성을 확보하고 구분 소유자들의 관리도 적절하게 이루어지고 있다.

여기에서는 고베 스마이마치쓰쿠리 공사가 젊은 세대의 유입을 촉진하기 위해 고베 시 및 고베 대학과 연계하고, 단지 내 기존 주택을 현대 라이프스타일에 맞게 매력적으로 개보수해 모델 룸을 공개하는 등 이벤트와 정보 전달에 힘쓰고 있다.

나다 단지의 변화를 담당하고 있는 고베 시 직원과 이야기를 나눴을 때, "빈집 대책은 조사만 하는 것이 아니라 어떻게든 무언가 시작하는 것이 중요하다"고 말한 것이 인상적이었다.

하지만 전국적으로 고령화 비율이 꽤 높은 마을이라도 대부분 빈집의 실태만 조사하고 실질적인 대책과 관련된 일은 아무것도 하지 않는 실정이다.

세대교체가 이루어지지 않는 마치다 시의 주택단지

나다 단지는 가장 가까운 역에서 버스로 연결되는, 지대가 높고 엘리베이터도 없는 쇼와 시대의 전형적인 주택 단지라서 현재 주택을 구입하는 주 연령층이 기피할 수도 있을 것이다.

한편 마치다(町田) 시에는 도심으로 연결되는 편리한 철도역이 도보 권내에 있어 특별히 입지가 나쁘지도 않고 주민들이 자체적으로 좋은 주거환경을 조성하려 노력하는데도 세대교체가 진행되지 않아 이미 노령화 비율이 높은 마을이 눈에 띈다.

예전에 인기 드라마 시리즈 〈금요일의 부인들에게〉의 무대이기도 했던 마치다 시의 주택지는 고도성장기에 개발된 도쿄 교외의 호화로운 신흥주택지로 주목받았다. 파티오(중정)에서 홈파티가 가능한 주택이나 정원이 있는 단독주택이 늘어선 푸르른 거리 등, 드라마에 나올 것 같은 마을과 라이프스타일을 보고 당시 중학생

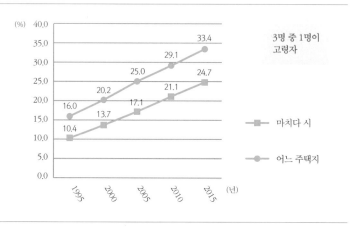

표 2-1 마치다 시 안에 있는 어느 주택지의 고령화 비율 추이
마치다 시의 정정(町丁)별 세대수, 인구표를 기본으로 작성

이었던 나도 무척 동경했다.

　이 지구는 시부야(渋谷) 역에서 도큐덴엔토시(東急田園都市) 선
으로 40분 정도 거리에 있으며, 1960년대 후반 시멘트 블록으
로 만든 담을 금지하는 등, 자주적인 건축물에 관한 약속(건축협
약)을 정해 양호한 주거환경을 지키려는 노력이 적극적으로 이루
어졌다. 현재도 녹지가 우거진 거리를 유지하고 있다. 부동산 검
색 사이트에 따르면 가장 가까운 역 주변의 중고 단독주택 매매가
는 현재 대지 215제곱미터에 건물 150제곱미터 정도에 4,500만
~5,000만 엔 정도다.

하지만 풍치 있는 주거환경을 지켜온 이 지구는 2015년에 이미 고령화 비율이 33.4%(75세 이상 노인 비율 16.4%)로, 주택단지 재생을 위해 개보수 등을 적극적으로 진행하는 쓰루가부토 단지와 거의 비슷한 상황이다.

한 시대를 풍미한 양호한 주택지임에도 현재 거주자의 수명이 다하는 시기부터 단숨에 빈집이 증가할 위험이 있으며 결코 낙관적이지 않은 상황임을 알 수 있다(표 2-1).

결론적으로 이미 주택 과잉 사회가 된 지금, 비슷한 시기에 비슷한 장소에 대량으로 주택이 건설된 마을의 세대교체를 진행하기 위해 주민, 지자체, 민간 사업자가 함께 궁리해 '어떻게든 무언가 시작'하지 않으면 가까운 미래에 사용하고 버려진 주택과 마을이 폭발적으로 증가할 위험이 높아진다.

노후 주택에는 고령자가 산다

2013년 기준 거주자가 있는 총 주택 수는 약 5,210만 채인데, 이 것을 건축 연도별로 보면 신내진기준 시행 전인 1980년 이전에 건축된 주택이 약 1,369만 채나 된다. 즉, 2013년 현재 사람이 거주하는 주택의 약 30%가 35년 이상 된 노후 주택인 셈이다(표 2-2). 물론 1980년 이전에 건축된 경우에도 내진성이 확보된 주택

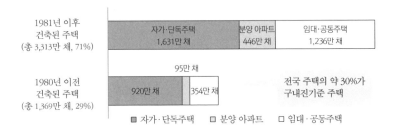

표 2-2 건축 연도별 주택 수

2013년 시점, '연립주택' '그 외' '불량' 제외. 국토교통성, 사회자본정비심의회 제39회 주택 택지분과회 자료를 기준으로 작성(2015년 7월 28일)

이 있다. 어느 쪽이든 이런 노후 주택에는 고령자가 사는 경우가 많다. 국토교통성 자료에 따르면, 1980년 이전에 건축된 주택의 약 42%(580만 채)에는 고령자 1인 가구나, 고령자 부부가 거주하고 있다.

노후 주택에 고령자가 거주하는 마을이 전국 도처에 많음을 알 수 있다. 앞에서 말한 마치다 시의 한 주택 지구나 고베 시의 쓰루가부토 단지가 특별히 고령화가 심하게 진행된 것이 아니다.

신내진기준을 충족하지 못한 노후 주택은 재건축을 하거나 젊은 세대의 필요에 맞춰 내진 개선을 동반한 개보수를 하는 등 필요조건에 맞춘 양질의 주택으로 다시 태어날 수 있다면 미래 세대에 짐이 되지 않을 것이다.

하지만 이런 대응이 불가능하다면 거주자가 사망한 뒤 누군가에게 계승되지 못하고 빈집이 될 가능성이 높아지기 때문에 노후 주택은 빈집 예비군이라고 할 수 있다.

2025년경 단카이 세대가 75세 이상 되는 후기 고령자가 되면 그 비율이 20% 정도 치솟는다. 그리고 일본인 남녀 평균수명이 84세(2015, WHO)이므로 2035년 즈음에는 단카이 세대의 사망자수가 갑자기 증가하리라 예상할 수 있다. 거주자가 사망한 뒤, 그 주택을 상속한 사람이 계속 거주하지 않고 임대 또는 매각도 하지 않거나 불가능할 때, 상속인이 그대로 방치하는 경우가 많기 때문에 '그 외 빈집'이 점점 증가할 것이다.

혹시 '그 외 빈집'의 관리가 제대로 되지 않을 경우, 건물의 열화가 진행되어 지진과 태풍 등에 의해 붕괴되고, 통행인이나 주변 주택에 위해를 가하며, 쥐가 터를 잡거나 잡초가 자라 해충이 번식하는 등 비위생적인 환경으로 변할 것이다. 이렇게 방치된 빈집은 방화의 표적이 되거나 신원이 불확실한 사람이 묵는 등 치안도 악화되고 주변 부동산 가치를 저하시켜 마을 전체에 영향을 미칠 것이다.

그리고 주거환경이 너무 악화되면 막대한 세금을 투입해 개선하지 않으면 안 되는 사태가 발생할지도 모른다. 지금까지 상정하지 않았던 새로운 사회적 비용이 요구될 수도 있다.

주택지의 결말은 단카이 세대의 사후, 상속할 자녀 세대(단카이 주니어 세대)와 친족이 친가를 어떻게 취급하느냐에 달려 있다고 할 수 있다.

급증하는 주택 상속 포기와 빚동산

현재 단카이 세대가 지방에 있는 친가를 상속하거나 단카이 주니어 세대가 지방 또는 대도시 교외에 있는 친가를 상속하기 시작했다. 그러나 상속받은 친가에 거주할 예정이 없는 경우가 많아 '그외 빈집'이 증가할 가능성이 높다.

부모가 사망한 뒤 도움이 되는 유산뿐 아니라 주택의 질과 입지에 따라 팔고 싶어도 손쓸 수 없는 유산을 상속받는 경우가 속출해, 앞서 말한 것처럼 부동산이 아닌 빚동산이라는 야유 섞인 말이 나올 정도다.

추억이 많이 담겨 있는 친가를 상속받은 후 일단 빈집으로 두는 경우도 많다. 그러나 시간이 흐름에 따라 고정자산세 같은 세금, 노후 건물 수리비와 잡초 제거 등 유지관리비 같은 금전적인 부담뿐만 아니라 이웃에 폐를 끼치지 말아야 한다는 정신적 부담까지 커진다.

그래서 최근에는 거주 예정이 없는 친가의 상속을 포기하는 사례가 급증하고 있다. 상속 통계에 따르면 상속 포기란 문자 그대로 모든 재산을 상속하지 않는 것이다. 실제로 〈표 2-3〉처럼 사법 통계에 따르면, 상속 포기 신청 건수가 20년 동안 3배 넘게 증가했다.

취업 등의 사유로 도시로 나간 사람이 고향으로 돌아오지 않아 유지관리가 불가능하며, 팔리지 않는 '빚동산'을 상속받지 않음으로써 고정자산세의 부담을 피하고 동시에 최종적으로 발생할 빈집의 해체 비용도 부담하기 싫기 때문이다.

그렇다면 소유자의 사망으로 빈집이 된 친가의 상속을 가족이 포기한 경우, 누가 관리 책임을 맡는 것일까?

상속을 포기하는 경우 상속 재산에 권리를 가질 수 없으므로 그 재산의 관리 책임에서도 해방된다고 여기기 쉬우나 민법 940조[2]에 정해진 대로 친가 등의 상속을 방치해도 가정재판소에 따라 상속 재산 관리인(변호사나 사법서사 등)이 정식으로 선임되어 친가의 관리를 개시하기 전까지는 적절한 관리를 계속하지 않으면 안 된다. 그전에 상속 포기한 빈집과 관련해서 사고가 발생한다면 법적 책임을 질 가능성도 있다.

그런데 상속 재산 관리인의 선임 신청에는 수십만 엔의 예납금

---

2 일본 민법 940조에는 "상속 포기한 자는 그 포기에 따라 상속인이 된 사람이 상속 재산의 관리를 시작할 수 있을 때까지 자기 재산과 마찬가지로 동일하게 주의를 기울이며 포기한 재산의 관리를 계속하지 않으면 안 된다"고 되어 있다.

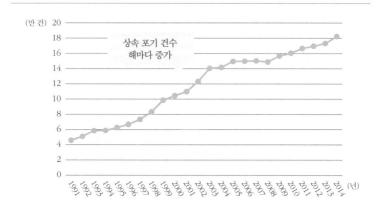

(만 건)

표 2-3 상속 포기에 대한 가정재판소의 처리 건수
사법 통계, '제2표 가사심판·조정 사건의 사건별 접수 건수'를 참고하여 작성

이 필요하기 때문에 실제로 상속 재산 관리인이 선임되지 않고 방치되는 경우가 많다.

앞으로 상속자가 상속을 포기하는 사례가 증가할 가능성이 높기 때문에 지금까지 집이 주요 자산이었던 시대에는 예상할 수 없었던 새로운 사태에 대응할 수 있도록 상속 포기 건물의 관리와 처분에 대한 절차를 간소화하고 원만한 대응이 가능하도록 법제도를 시급히 정비할 필요가 있다.

주택 말기에는 '도둑 잡기'가 시작된다

구입 당시에는 꿈에 그리던 주택이라도 거주자가 사망한 뒤 팔 수 없다면 최종적으로 빈집의 유지관리, 해체 비용을 누가 부담할까? 마치 부담하는 사람을 결정하는 '도둑 잡기'[3] 게임처럼 진행되는 슬픈 현실이다. 주택은 필요하지 않더라도 소비재처럼 대형 쓰레기로 버릴 수가 없다.

2015년 5월, '빈집 대책 특별조치법'이 발효되어 지자체가 일정 요건을 갖춰 절차를 밟으면 행정대집행으로 쓰러질 위험이 있는 빈집(특정 빈집)의 강제 해체와 철거가 가능해졌다. 이런 해체와 철거에 드는 비용은 당연히 소유자에게 청구하지만, 상속인 전원이 상속을 포기하면 지자체가 부담하는 수밖에 없다. 따라서 '그 외 빈집'의 증가와 상속 포기의 증가는 지자체의 재정 압박으로 이어질 위험성이 높다.

위험 요소가 있거나 위생상 문제가 있어 상당히 심각한 경우만 지자체의 행정대집행 대상이 된다. 또한 원래 소유자가 부담해야 할 빈집의 해체, 철거 비용을 세금으로 대신하는 것에 대한 주민들의 비판도 거세, 실질적인 효과는 미미한 채 빈집 소유자의 무책임한 태도만 부추길 수 있다.

---

3 마지막에 조커를 가진 사람이 지는 카드놀이의 하나 – 옮긴이.

앞으로 거주자도 주택도 노화가 심각해지는데, 노후 주택을 상속할 인구가 줄어들기 때문에 빈집의 해체, 철거와 관련된 사회적 비용은 점점 더 불어날 것이다.

그렇기 때문에 말기 주택의 해체, 철거 비용을 확실히 염출할 수 있는 새로운 구조를 하루빨리 마련해야 하지만, 그 필요성을 인식하더라도 구체적인 움직임으로 이어지지 않는 실정이다.

분양 맨션의
말기 문제

노후 맨션이 1년에 13만 채씩 증가한다

노후 단독주택도 심각한 빈집 예비군이지만 가장 문제가 심각한
것은 '노후 분양 맨션'이다.

일반적으로 맨션에 사용되는 콘크리트의 수명은 보통 60년 정
도이며, 양호한 상태로 유지관리를 잘한다면 100년 정도 유지되
고, 배관 등 내부 설비는 30년 정도 경과한 뒤 교환할 필요가 있
다. 하지만 부동산 정보업체 도쿄 칸테이의 조사에 따르면 일본에
서 실제로 재건축을 실현한 맨션의 전국 평균수명은 33.4년이다.
또한 전국에서 재건축한 맨션은 모두 198동으로 그중에는 건축한
지 30년 이상 40년 미만이 36.5%로 가장 많았다.

다시 말해 일본에서 초기 건설된 맨션의 수명은 콘크리트의 수

명보다 굉장히 짧고 계속 살기 위해서는 30~40년마다 재건축해야 하는 경우가 많다.

그리고 재건축을 염두에 두지 않으면 안 되는 35년 이상 된 분양 맨션(1980년 이전에 건축)은 현재 95만 채(2013, 표 2-2) 정도에 이른다. 30년 넘어선 분양 맨션은 〈표 2-4〉처럼 2021년에 235만 채로 두 배 이상 증가할 것으로 추정되는데, 평균적으로 1년에 약 13만 채씩 증가한다.

도쿄 중앙에 위치한 분쿄(文京) 구의 총 주택 수(빈집 포함)는 12만 9천 채(2013년 주택·토지 통계조사)인데, 노후 분양 맨션이 분쿄 구의 총 주택 수에서 차지하는 비율이 매년 크게 증가하고 있어 사태가 심각한 상황이다.

덧붙여 전국에서 건축한 지 50년 넘은 분양 맨션은 2016년에 3만 채, 2021년에 18만 채, 2031년에 106만 채까지 증가할 것으로 예측된다(표 2-4).

부동산 전문가인 마키노 토모히로(牧野知弘)도 '2020년 맨션 대붕괴'라고 부를 만큼 도쿄 올림픽 후부터 노후 맨션이 속출할 가능성을 지적한다. 특히 대도시권에서는 설비의 내용수명[4]을 넘어선 맨션이 급증할 것이 확실하다.

정부의 지진조사연구추진본부 지진조사위원회가 2014년 발

---

4 耐用壽命. 건물, 기계, 장치 등 유형 고정자산의 수명 – 옮긴이.

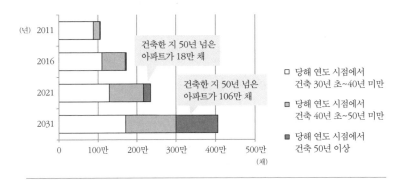

표 2-4 노후 분양 맨션 수 예측
국토교통성, '맨션의 새로운 관리방식 검토' 자료 기준 작성(2012년 1월)

표한 장기 평가에는 수도권에서 진도 7에 해당하는 지진이 이후 30년 이내에 발생할 확률은 약 70%로 예측되며, 구내진기준의 노후 맨션 대부분은 완전히 혹은 반 이상 붕괴되는 엄청난 피해를 입을 위험이 있다.

거주자의 생명을 지키기 위해서도 급증하는 노후 맨션의 내진 보강과 적절한 유지관리가 매우 중요하다.

노후 맨션의 임대화

분양 맨션의 구분 소유자란 제1장에서 설명한 것처럼 '운명공동체'다. 그러므로 사후 상속 문제가 관리조합에 의한 유지관리에도 영향을 미치는 특유의 문제가 있다.

분양 맨션의 거주자가 사망한 후, 상속인이 상속한 아파트에 살지 않아도 고정자산세와 관리 비용 등을 지불할 의무가 생긴다. 아파트를 상속받아도 자신이 살지 않고 임대하는 경우가 많아, 실제로 노후 분양 맨션의 임대화가 증가하고 있다.

임대화가 진행되면서 맨션 내 거주자 구성이 변화하는 것도 불안 요소가 될 수 있지만, 분양 맨션 관리조합에서 가장 곤란한 것은 상속을 포기한 경우다. 상속인 전원이 상속을 포기한 경우엔 관리조합이 가정재판소에 상속 재산 관리인의 선임을 신청해, 선임된 상속 재산 관리인이 그 집을 처분한다.

하지만 이 신청에는 수십만 엔에 달하는 고액 예납금과 사법서사 등에게 지급하는 신청 대행비가 필요해, 결국 맨션을 매각해 관리비 체납분조차 회수하지 못하는 경우도 생길 수 있다. 특히 노후 맨션 거주자의 고령화가 심각한 상황에서, 관리조합이 이처럼 복잡한 대응을 할 수 있을지도 문제다.

상속 포기 주택이 급증해 관리조합이 상속 재산 관리인 선임 같은 수속을 진행하지 못하면 관리비 미납 가구가 증가함에 따라 전체 유지관리비와 수선적립금이 부족해 맨션 전체적으로도 적정한 유지관리가 이루어지지 못하는 결과를 낳을 수 있다.

한마디로, 노후 맨션은 단순히 거주자의 노화뿐만 아니라 거주자가 사망한 뒤 발생할 상속 상황에 따라 빚의 악순환에 떨어질 수도 있는 불안정한 상태에 있다.

슬럼화된 후쿠오카의 분양 맨션

분양 맨션의 관리비가 제대로 징수되지 않고 수선이 제때 이루어지지 못하면 수도 배관 등이 열화하여 천장에서 물이 떨어지거나 외벽이 떨어져 통행인이 다치거나 벽에 금이 가서 빗물 침투로 인해 건물 골조에 녹이 슬고 팽창해 콘크리트가 파열되는 등 건물이 '위험건물화'된다.

또한 공용 공간에 쓰레기나 비둘기 배설물 등이 어지럽게 방치되고 공용 복도의 전등이 켜지지 않고, 엘리베이터가 가동하지 않는 상태가 지속되면 외부인들도 쓰레기를 무단 투기해 건물 전체가 황폐화된다. 이렇게 관리 부실이 심화되어 거주 환경이 열악해지면 차츰 빈집이 눈에 띄고 폭력배나 불량한 주민이 입주하는 등 마을 전체의 치안 악화로 이어진다.

이처럼 노후한 분양 맨션이 급증하면 빈집과 관리비 체납 증가 ➡ 관리 부실 ➡ 관리 불능 ➡ 개보수 불가능, 슬럼화 ➡ 마을 전체에 악영향이라는 악순환에 빠질 위험성이 높다.

후쿠오카(福岡) 시 하카타(博多) 역에서 약 5분 거리에 위치한,

건축된 지 40년 된 11층 분양 맨션(1~3층은 상가)의 경우를 보면, 거품 경제 시절 전체 130가구 중 100가구 정도가 도쿄의 개발자에게 매각되면서 관리조합의 운영이 부실해지기 시작했다. 관리조합과 개발자 간에 의견이 일치하지 않은 점도 영향을 끼쳐 1988년에는 아파트 전체에 전기 공급이 중단되어 엘리베이터 가동은 물론 옥탑의 물탱크에 수돗물 공급마저 중지되고 급수도 안 되는 상황에 빠졌다.

생활이 곤란한 상황이었기 때문에 거주자 대부분이 떠나고 빈집이 증가하자 불량하거나 신원이 불확실한 사람들이 묵어가는 숙소로 변하고, 원인 모를 화재가 발생하거나 백골화한 변사체가 발견되는 등 점점 슬럼화되었다. 그 뒤에도 수년 동안 옥상과 공동계단 부근에 쓰레기가 굴러다니고 불에 탄 집이 그대로 방치되어 인터넷상에서 '심령 스팟'이라는 이름이 붙을 정도였다.

그나마 최근에는 공용 복도의 전등도 켜지고 엘리베이터도 가동되며 거주자들도 있다. 외벽의 낙서가 그대로 방치되어 있긴 하지만 자전거 보관소 등은 관리 회사가 게시판에 공지문을 게시해 관리하고 엘리베이터 앞에 방범 카메라를 설치하는 등 한때 슬럼화되었던 맨션의 흔적이 거의 사라졌다.

임대주택 검색 사이트에서는 '유학생 환영, 보증인 필요 없음'이라는 타이틀을 내걸고 입주자를 모집하는데, 하카타 역에서 도보로 5분 거리라는 입지 조건에 비해 관리비 포함 임대료가 월 3

만 6천 엔으로 매우 저렴한 편이다. 이 맨션은 슬럼화에서는 빠져 나왔지만 대규모 개보수가 필요한 상황이다. 그러나 구분 소유자들이 이처럼 저렴한 임대료로는 유지관리와 수선이 어렵다고 판단해 다시 관리 부실에 빠질 가능성이 높다.

한계 맨션의 대량 발생

맨션 문제 전문가인 요네야마 히데타카(米山秀隆)는 저서에서, 맨션의 노후화와 동시에 거주자의 고령화와 공실화가 진행되어 관리되지 않는 슬럼화된 맨션을 '한계 맨션'이라고 부르며, 이런 한계 맨션이 대량 발생하는 문제를 포함해 분양 맨션을 최종적으로 재건축할지, 해체하여 구분 소유권을 해소할지 '분양 맨션 종말기 문제'의 많은 어려움에 대해 지적했다.

당연한 일이지만 건축물과 배관 등 내부 설비의 물리적인 유효 수명이 다하는 시점이 오면 구분 소유자는 재건축할지 아니면 구분 소유권을 해소하고 전체를 매각할지 결정해야 한다.

하지만 분양 맨션의 경우 건물 해체와 철거만으로도 비용이 어마어마하게 들고, 구분 소유자 간 합의 형성이 어려워 단독주택과 비교할 때 문제가 매우 심각하다. 실제로 지금까지 맨션 재건축이 실현된 것은 한신·아와지 대지진(阪神·淡路大地震) 관련 물량을 제외하면 전국에서 211건, 1만 6,600채(2015년 4월)에 그쳐 매우 어렵다는 것을 알 수 있다.

분양 맨션을 재건축할 때 재건축 전보다 더 많은 집을 만들 수 있다면 그 매각 수익을 비용의 일부로 충당할 수 있다. 따라서 구분 소유자들이 합의를 형성하더라도 용적률을 완화하지 않으면 어려운 경우가 많다. 요네야마 히데타카의 계산에 따르면 도쿄 도 구 부에서는 재건축 시 1.6~2.8배 정도의 용적률을 높이지 않으면 채산이 맞지 않는다.

그러나 전국 각지에 신축 분양 맨션이 대량 공급되는 상황이어서 용적률 규제를 완화하고 합의 형성이라는 어려운 과정을 거쳐 재건축되더라도 재건축으로 발생한 잉여 주택을 팔기 어렵고 상당히 저렴한 가격에 팔지 않으면 안 되는 문제에 직면할 우려가 높다.

재해 피해를 입은 부모님의 아파트

분양 맨션 재건축에는 더욱 난해한 문제가 있다. 건설 후 용적률 등의 법률 규제가 변경되어 같은 규모로는 재건축할 수 없는('기존 부적격'[5]이라고 한다) 등의 사유로 재건축 후 잉여 주택을 만들 수 없거나 오히려 규모를 줄여야 하는 경우다. 그렇게 되면 노후 맨션의 해체 비용도 염출할 수 없어 방치되고 슬럼화의 길로 들어서게 된다.

한편, 노후 분양 맨션 재건축을 위해 용적률 규제 완화를 인정하기 시작하면 도시계획법과 건축기준법의 의미가 없어질 수 있다.

실제로 내 친가가 있는 아파트(75가구, 6층 건물)는 건설 후 높이 제한이 15미터로 낮아졌기 때문에 기존 부적격 상태였다. 한신·아와지 대지진에서 건물의 구조적 손상도 적지 않았지만 배관 설비 등의 손상이 심해 반이나 파괴되었다는 판정을 받았다. 그래서 재건축과 대규모 수선 중 어느 쪽을 택할지 결정해야만 했다.

법령에 맞춰 재건축할 경우에는 6층 건물을 5층으로 한 층 줄여야 했기 때문에 각 가구의 전유 면적이 좁아질 수밖에 없었다.

주택 융자를 안고 있거나 연금으로 생활하는 등 세대마다 여러 가지 사정이 있어 관리조합은 주민들의 합의를 이끌어내느라 논의를 거듭했다.

한신·아와지 대지진 재건 활성화 대책으로 이런 기존 부적격 아파트의 재건축 문제를 해결하고자 특별히 용적률 규제가 완화

---

5 旣存不適格. 건설 당시에는 법률에 합당한 건축물이라도 이후 법 개정에 의해 그 건축물의 전체나 일부가 현행 법제도에 적합하지 않은 상태의 건축물을 말한다. 기존 부적격일지라도 건축 당시 그대로 사용할 경우에는 법령의 규정에 부적합하더라도 허락하지만, 증축이나 재건축 등의 경우에는 새로운 법령에 따라 건축하지 않으면 안 된다.

되어 재해 전과 동일한 면적을 확보할 수 있게 되었지만 최종적으로 내 친가가 있는 맨션은 재건축 대신 대규모 수선을 선택해 1가구당 수백만 엔을 들여 내진 보강과 함께 설비 배관을 정비하고 균열이 생긴 벽과 바닥을 전면적으로 수선했다.

맨션 지역까지 수도 시설은 복구되었지만 맨션 내 배관이 손상된 각 주택에서는 물이 나오지 않았기 때문에 대규모 수선공사를 하는 몇 개월 동안 급수 장소에서 물을 받아 사용하거나 주차장에 공용으로 설치된 옥외 가설 화장실을 사용해야 했다.

분양 맨션은 평소에도 구분 소유자 간 합의 형성이 어려운데, 대지진으로 직업을 잃거나 이중 대출을 받는 등 여러 가지로 어려운 상황에서 구분 소유자들의 합의를 끌어내느라 당시 관리조합 이사회 임원들이 애를 많이 썼다.

이렇게 보면 현행 법제도하에서 실제로 재건축이 실현되는 분양 맨션은 제한적이라고 생각하는 것이 현실적이다. 그렇기 때문에 요네야마는 재건축 말고도 구분 소유자를 해소하고 노후 분양 맨션 해체 후 토지를 매각하는 방법을 검토해야 한다고 강조하며, 이런 경우 아파트 해체 비용을 확실하게 부담하는 구조 만들기와 비용에 대한 공적 지원이 필요하다는 점을 지적했다.

분양 맨션에는 이처럼 장기적으로 심각한 문제가 있는데도 이미 확실하게 드러난 문제들에 대한 해결책도 마련하지 못한 채 전국에서 연간 7만 8천 채(2015)의 집이 새롭게 분양되고 있다. 특히 일반적인 맨션보다는 합의 형성이 훨씬 어려운 초고층 맨션이 대량으로 계속 건설되고 있다.

지금은 장기적으로 예상되는 심각한 문제를 해결할 방법을 찾지 않고 문제를 못 본 척하며 계속 건설해나가기보다, 구분 소유자에게 분양하는 방식으로 맨션을 공급하는 것이 옳은지 진지하게 검토해야 한다.

공공시설과
인프라 노후

연일 계속되는 수도관 누수와 파열

앞으로 노후한 빈집이 방치되거나 상속을 포기해 어쩔 수 없이 지자체가 세금으로 해결하는 경우가 점점 더 늘어날 것으로 예상된다.

시민들도 이런 문제는 정부에서 처리해야 한다고 생각하는 경향이 있다. 하지만 지자체는 이런 대응을 할 재정적 능력을 갖추고 있지 못하다.

일본은 고도성장기에 급격한 도시화에 대응하기 위해 초등학교, 중학교, 공민관[6] 등 공공시설과 도로, 공원, 고속도로, 터널, 다

---

6 지역 주민에게 가장 가까운 학습 거점이자 교류의 장으로, 주민의 교양을 향상시키고 건강을 증진하며 문화활동 및 모임을 개최하는 등 생활문화 진흥과 사회복지 증진에 기여하는 기관. 한국의 주민센터와 비슷하다 - 옮긴이.

리, 상하수도 설비 등의 인프라를 집중적으로 정비했다. 그러나 이제 30~50년이 경과했기 때문에 노후한 곳이 많다. 그래서 오래된 설비가 연이어 고장 나거나 수선할 곳이 늘어나는 등 유지관리만으로도 비용이 만만치 않다.

집과 거주자가 늙어감에 따라 주택과 밀접하게 연관된 공공시설과 인프라 등 주거환경도 낡아 붕괴되고 있다.

우리의 삶에서 빼놓을 수 없는 인프라 중 하나인 '다리'를 보자. 국토교통백서(2013)에 따르면 적절한 보수와 수선을 하지 못해 손상이 심하고 위험성이 증가해 통행을 금지하거나 규제하는 다리가 전국에서 약 1,400교(2013)나 된다. 현재는 대부분 지자체인 시구정촌(市區町村)이 관리하고 있다.

또한 후생노동성의 조사에 따르면, 수도관의 법정 유효 수명은 40년이지만 이보다 더 오래된 수도관이 2014년 말 기준 12.1%나 되는데, 2014년에 교체된 수도관은 0.7%에 그쳤다. 이런 추세가 계속된다면 현재의 수도관을 모두 교체하는 데 약 130년이 걸린다는 계산이 나온다.

하지만 앞으로 인구는 감소하고 수도 사업의 채산성이 악화되기 때문에 갱신 자금은 더욱 부족할 것으로 예상된다. 수도관의 노후화에 따른 누수 문제 등은 장래 국민 생활에 중대한 영향을 미칠 것이다. 또한 하수도 역시 인구밀도 저하에 따라 채산성 악화와 노후한 하수도관 교체 비용 부족 등 상수도와 마찬가지 문제를 안고 있다.

사이타마 현 지치부 시에서는 수도관 파열, 누수 등으로 인한 시민의 수리 요청 건수가 1년 동안 700건을 넘었고, 매일 시내 어딘가에서 수도관 파열과 누수가 계속해서 발생하고 있다. 그리고 수도관의 법정 유효 수명인 40년을 넘어선 수도관이 전체의 20%(120킬로미터)이며, 40년째 되는 수도관이 매년 10킬로미터 씩 생겨난다. 하지만 현재 1년에 6킬로미터 정도만 교체되는 상황이다.

지치부 시만 그런 것이 아니다. 신문에 보도된 사례를 보더라도 마치다 시(도쿄 도)에서 수도관 파열과 물 분출, 기타큐슈(北九州) 시(후쿠오카 현)에서 수도관 파열 및 국도 침수, 오사카 시에서 수도관 4곳 연이어 파열, 사세보(佐世保) 시(나가사키[長崎] 현)에서 수도관 파열과 단수, 고사이(湖西) 시(시즈오카[静岡] 현)에서 수도관 파열과 도로 침몰 등 전국에 걸친 심각한 문제다.

생명까지 위협하는 사고 위험성

노후한 인프라 점검과 보수, 교체에 소홀하면 인프라의 본래 기능을 제공하는 데 지장을 줄 뿐만 아니라, 경우에 따라서는 사람의 목숨을 위협하는 중대한 사고가 일어날지도 모른다. 실제로

2012년 12월 주오 자동차도로의 사사코(笹子) 터널에서 천장 구조물이 떨어져 9명이 사망하는 대참사가 발생했다.

일본 지자체의 공공시설 중에서 구내진기준 공공시설의 바닥 면적 비율(건축 30년 이상)은 어느 정도 될까?

각 지자체의 공공시설 매니지먼트 백서 등에 따르면 나라시노(習志野) 시(지바 현)는 72%(2009년 3월), 메구로(目黒) 구는 58.6%(2013년 3월), 사이타마 시는 51.9%(2012년 6월)에 이른다. 동일본 대지진에서 60년 된 후지사와(藤沢) 시청사(가나가와[神奈川] 현), 53년 된 다카하기(高萩) 시청사(이바라키[茨城] 현), 39년 된 미토 시청사(이바라키 현)가 파손되어 지진 이후 시민 생활에 막대한 영향을 미쳤다. 그리고 2016년 4월에 발생한 구마모토 지진에서도 50년 이상 된 우토(宇土) 시청사가 반이나 파괴되어 사용할 수 없게 되었다. 지정 피난소로 이용되는 공공시설의 내진화는 동일본 대지진 이후 초등학교부터 우선적으로 진행되어 시청사 같은 시설들은 뒤로 밀린 결과였다.

이 같은 문제가 1980년대 미국에서도 일어났다. 일본보다 30년 빠른 1930년대에 대규모 공공투자에 착수한 미국에서는 50년 후에 인프라의 노후화 문제가 심각해졌다. 다리의 붕괴 사고, 손상, 통행금지 등 경제와 생활 여러 방면에 영향을 미쳤다. 펜실베이니아 주에서는 다리의 중량 제한으로 다리 앞에 다다르면 모두 스쿨버스에서 내려 걸어서 다리를 건너지 않으면 안 되는 상황이 빚어지거나 맨해튼에서는 여러 다리에서 파손이 발생했다.

1981년에는 『무너지는 미국(America in Ruins: The Decaying Infrastructure)』이 출간되어 열화하는 인프라 상황에 경종을 울렸다. 1983년, 가솔린세가 인상되고 인프라의 유지관리, 갱신을 위해 자원을 확충했다. 유지 수선에 힘을 싣자, 결함이 있는 다리는 감소했지만 2004년에도 미국 전역에 30% 정도의 다리에 결함이 있다고 했으니 아직까지 '무너지는 미국'에서 벗어나지 못한 것이다. 단, 미국은 인구 감소나 저출산·고령화가 진행되지 않아 공공시설과 인프라의 노후화 문제가 일본만큼 심각하지 않다.

이대로 지자체가 공공시설과 인프라의 노후화 문제를 방치하면 노후화된 공공시설과 인프라는 언젠가 붕괴되고 시민의 생명을 위협할 것이다. 한편 공공시설의 신설, 개선, 재구축을 임기응변식으로 반복하면 장래 재정이 파탄에 이르러 역시 시민의 삶이 어려워질 것이다.

모든 것을 갱신할 수는 없다

이런 상황을 포함해 정부는 '인프라 장기 수명화 기본계획'(2013)을 정하고, 이에 따라 총무성은 지자체에 2016년까지 '공공시설 등 종합관리계획'을 수립하라고 요청했다.

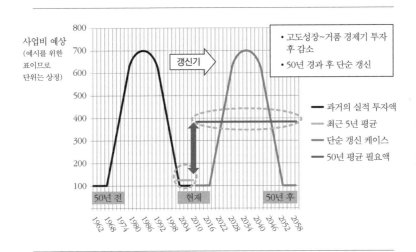

표 2-5 공공시설의 설비 갱신 정점에서 본 갱신 비용 부족
나라시노 시 공공시설 재생 계획(2014년 3월)

　　고도성장기에 공공시설과 인프라를 한꺼번에 대량으로 신설하고 그 뒤 신설 건수가 크게 감소했기 때문에, 정비 사업비는 피라미드 형태가 되었다. 공공시설과 인프라의 유효 수명을 50년이라고 할 때, 〈표 2-5〉처럼 지금부터 필요한 공공시설의 갱신 비용은 이 피라미드 형태가 그대로 50년 이동하는 것이 된다. 그러나 갱신 비용을 40년에 걸쳐 염출한다고 해도 고도성장기가 아닌 현재 로선 공공시설을 정비하는 사업비에 배당되는 예산 자체가 감소하므로 1년간 드는 공공시설의 정비와 갱신 비용이 부족할 수밖에 없다.

앞으로 생산연령 인구도 감소해 초고령화가 심화될 것으로 보이기 때문에 지자체의 재정은 더욱 어려워질 것이다. 그러므로 현재의 공공시설과 인프라를 전부 갱신할 수는 없다.

인프라 문제 전문가인 네모토 다쿠지(根本拓二)는 인프라의 유효 수명을 50년으로 상정하고 일본 전체의 인프라를 현재 수준으로 유지한다고 가정할 경우, 연간 8조 1천억 엔을 50년간 지속적으로 추가 투자할 필요가 있다고 계산했다. 현재 물가상승을 반영하지 않은 일본의 공공투자 예산은 약 20조 엔인데, 예정에 없던 인프라의 갱신에 필요한 자금 8조 1천억 엔은 총 예산의 40%에 해당한다. 따라서 그는 현재 인프라 규모를 단순하게 말해 40% 줄일 필요가 있다고 지적했다.

노후화한 공공시설과 인프라의 갱신 예산만 부족한 게 아니다. 이런 시설들의 통폐합을 추진하지 않으면 증가하는 유지관리비가 재정을 압박할 것이다.

나라시노 시 공공시설 재건축 계획

이런 심각한 상황을 배경으로 일부 지자체에서는 공공시설을 오래 사용할 수 있게 계획적으로 유지관리하는 장기 수명화 과제뿐만 아니라 통폐합과 재배치, 민간 사업자 유치를 통한 재원 확보

등의 움직임이 시작되었다.

노후화한 공공시설의 재생을 장기적이고 계획적인 관점에서 다루는 선진적인 지자체 중 나라시노 시(지바 현)의 사례를 보자.

나라시노 시에서는 장래 인구 추계, 현재 시내에 있는 공공시설의 건축 연수와 연면적[7]을 분석했다. 그 결과 모든 공공시설을 갱신할 경우 필요한 총 사업비는 965억 엔으로, 평균 1년에 38억 엔이었다. 하지만 나라시노 시가 지금까지 공공시설에 들인 사업비는 최대일 때도 1년에 15억 엔이었기 때문에 노후화한 공공시설의 갱신에 필요한 사업비의 40%밖에 확보하지 못한 셈이다.

나라시노 시의 추계대로 현재 시내에 있는 공공시설 총량의 60%를 줄여 40%만 남기면 행정 기능 자체가 유지되지 않는다.

그래서 나라시노 시에서는 2014년 3월 시대 변화에 대응한 공공 서비스를 계속 제공하고, 인구 감소 사회에서 유지 가능한 도시경영을 실현하며, 미래 세대에 부담을 전가하지 않을 목표로 '공공시설 재생계획'을 수립했다.

'공공시설 보유 총량 압축', '장수명화(長壽命化)' 등의 대책을 강구해 공공시설과 보유지 유효 활용을 통한 재원 확보와 민간 활력의 도입을 통한 유지관리비 및 운영비 효율화를 실행해 공공시설 사업비 965억 엔을 약 26% 절감하고 총 사업비 714억 엔, 연

---

7 하나의 건축물에서 각 층 바닥면적의 합계를 말한다.

간 평균 28억 5천만 엔 수준으로 낮추기로 했다.

더불어 지구별 공공시설의 구체적인 재생·재편에 대해서도 검토하고, 각 공공시설의 기능에 집중해 갱신 시기와 복합화할 시설, 개선할 시설 등을 계획했다. 특히 노후화한 초등학교를 재건축해 주로 지역 주민이 사용하는 공민관 같은 시설 등을 병설해 복합화하는 시설 배치가 계획에 포함된다. 이러한 조치를 통해 각 지역에 자리 잡은 초등학교가 공민관 등의 시설과 함께 병설로 복합화되면서 재건축과 증축을 거쳐 재해가 발생할 경우 안전한 대피소 역할을 할 것으로 기대된다.

나라시노 시에서는 이와 함께 전국에서 처음으로 게이세이(京成) 전철 게이세이오쿠보(京成大久保) 역 앞에 공공시설을 집약하고 복합화하는 작업에 착수했다.

오쿠보 지구에서는 1968년 건설된 평생학습 시설, 1975년 건설된 어린이회관, 1977년 건설된 공민관 등 노후화된 여러 공공시설을 폐관하고 게이세이오쿠보 역 앞에 1966~1980년 건설된 공공시설을 재건축한 후 시민회관과 도서관, 노동회관, 공원 등을 집약화·복합화한다. 또한 기존 공공시설의 일부는 내진성이 확보되어 있기 때문에 기존 골조를 활용해 수선함으로써 건설비 절감도 지향하고 있다.

공민관 등의 공공시설 사용자 조사를 통해 세부 계획을 수립하여 중앙 공민관에는 이동식 벽으로 나누어 이용할 수 있는 룸,

회화나 공작 등 미술 활동을 위한 아틀리에로 활용 가능한 룸, 음악·연극·전시·워크숍 등 다목적 룸, 회의실로도 활용 가능한 구내식당, 공원으로 연결된 어린이 공간 등을 설치할 예정이다. 공공시설 수와 전체 면적은 집약 전보다 줄지만 민간과의 연계사업으로 개관 일수, 개관 시기를 확대해 연간 이용 가능 비율을 3배가량 늘릴 예정이다.

그리고 건설 후 유지관리와 운영 비용의 효율화 및 민간 부문의 창의 노력을 활용한 사업 운영도 적극적으로 검토하고 있다. 예를 들어, '민간 공공사업'을 도입하거나 민간 수익사업(시민이 원하는 카페 같은 업종)도 도입할 예정이다. 민간과의 연계를 통해 공유자산을 효과적으로 활용해 재원을 확보하는 새로운 움직임이 시작되고 있다.

선거에서 표를 얻을 수 없다

공공시설 중에서도 지역 교류 활동과 동호회 활동 장소로 이용할 수 있는 공민관은 이용하는 시민과 여러 커뮤니티에 귀중한 거점이자 교류의 장소다. 이런 장소가 다양한 사람들의 연결고리를 만들고 지역의 힘을 키운다. 그러므로 이런 장소의 이용 빈도가 높은 은퇴 세대가 반대하기 쉬운 시책은 현실적으로 시정촌 단위에서 적극적으로 추진하기 어렵다.

실제로 전국 대부분 시정촌에서 노후화한 공공시설과 인프라의 갱신이 나라시노 시와 마찬가지로 심각한 현안이지만, 장기적이고 체계적인 관점에서 공공시설의 총량을 어느 정도 줄여야 할지 검토하거나 구체적인 실행에 나설 수 있는 수준에 이르지 못하는 실정이다. 시민의 반대가 예상되거나 선거에서 표를 얻지 못할 것을 우려해 지방자치단체장, 지방의원 등이 적극적으로 대처하지 않기 때문이다.

하지만 이용 가능한 공공시설이 통폐합되거나 축소되거나 거리가 멀어져 불편하다는 부정적 측면을 부각하기보다 효율적이고 편리한 운영으로 시대의 필요에 맞는 질 높은 공공시설로 새롭게 변신한다는 창조적 측면에 집중하는 것이 중요하다.

공공시설의 재편과 재생에 따라 공공 서비스의 재원을 새롭게 확보하거나 공공시설 집약화로 확보한 부지를 통해 주변의 마을 만들기에 기여하는 것도 기대할 수 있다. 무엇보다 이런 재생과 재편 계획, 운영 방법 등에 대해 시민·행정·민간 기업이 대화와 논의를 거듭하는 프로세스 자체가 지역의 자생력 향상에 좋은 기회라고 여겨 긍정적으로 받아들여야 한다.

증분주의에서 감분주의로

앞서 이야기한 대로 공공 서비스의 양과 질의 과도한 저하를 저지하려면 시민과 대화를 거듭하면서 공공시설의 통폐합과 축소, 적정한 배치 등을 결정해야 할 지자체가 더 이상 책임을 피하면 안된다.

행정학과 재정학 전문가인 미야와카 아츠시(宮脇淳)는 이렇게 지적한다.

> 전후에는 경제가 좋아지는 것을 전제로 한 인크리멘털리즘(incrementalism), 즉 증분주의(增分主義)에 따른 제도가 만들어진다. 이는 새롭게 증가한 소득의 배분만 결정하는 것으로, 과거의 배분은 생각하지 않아도 되는 방법이다. 그리고 '행정의 가능성은 무한하다'는 생각, 즉 '만족화의 추구'다. 그러나 지금부터는 디크리멘털리즘(decrementalism), 즉 감분주의(減分主義)라는 관점을 취할 필요가 있다. 행정에는 한계가 있다는 것을 시민이 공유할 필요가 있는 것이다.

간단히 말하자면 인구·경제의 호황 시대에는 만족화 추구라는 원칙에 따라 신규 증가분의 배분만이 의논 대상이었으나, 인구도 세대수도 감소하는 미래에는 최적화 추구라는 원칙을 바탕으로

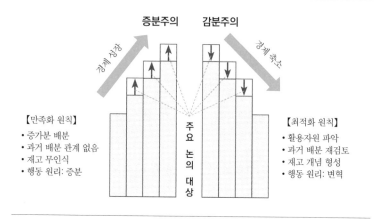

증분주의　　감분주의

경제 성장

경제 축소

【만족화 원칙】
• 증가분 배분
• 과거 배분 관계 없음
• 재고 무인식
• 행동 원리: 증분

주요 논의 대상

【최적화 원칙】
• 활용·자원 파악
• 과거 배분 재검토
• 재고 개념 형성
• 행동 원리: 변혁

표 2-6 증분주의와 감분주의
미야와카 아츠시 편저, 『지자체 전략의 사고와 재정 건전화』를 참고하여 작성

기득권익[8]을 재검토하면서 무엇을 줄일지가 의논 대상이 되어야
한다는 것이다(표 2-6).

　　이런 감분주의가 여러 정책과 제도 개선의 대전제가 되는 것
은 중요하지만 안타깝게도 아직 일반적인 생각은 아니다. 공공시
설의 재생과 재편은 이제야 '감분주의'에 입각해 시작되었다고 할
수 있다.

　　고도성장기에 한꺼번에 만들어진 공공시설과 인프라는 노후화
하여 갱신기를 맞이하고 있다. 그러나 현재 재정 상황에서는 모두

8　既得權益. 어떤 사회적 집단이 역사적 경위에 의해 유지하고 있는 권리와 그에 따른 이
익 – 옮긴이.

갱신할 수 없다는 사실을 알면서도 도시계획과 주택정책에서는 변함없이 '증분주의'를 토대로 규제 완화와 보조금 정책이 변화하지 못한 채 거주지가 점점 더 넓어지고 있다.

앞으로 초·중등학교나 공민관 등의 수명을 연장해 유지하거나 통폐합하여 집약화하고 다기능화하는 공공시설의 재편 및 재생을 검토할 때는 단순히 개별 공공시설의 노후화 정도라는 관점뿐만 아니라 각 마을의 장래 인구 동향과 인구밀도, 교통 접근성, 고령자 등 교통 약자 대상 서비스 현황, 재해 리스크 등 다양한 조건을 살펴서 어떤 입지가 공공시설 이용에 효과적인지 유도하는 '입지 유도(立地誘導)' 관점이 중요하다.

공공시설의 재편 및 재생과 도시계획, 주택정책을 연계하는 것이 지속 가능한 마을 만들기의 핵심이다. 집약화·다기능화하는 공공시설에 접근할 수 없는 지역에는 신규 주택을 억제하고, 반대로 이런 공공시설에 접근성이 좋은 지역에는 신규 주택 건설과 빈집, 공터의 활용을 적극적으로 지원하는 도시계획 및 주택정책을 시행하면 상승효과를 기대할 수 있다.

제3장

주택의 입지를 유도할 수 없는 도시계획과 주택정책

사진 3-1 구마모토 지진 때 출현한 미나미 아소무라(南阿蘇村) 단층(국토지리원)

사진 3-2 구마모토 지진 때 출현한 마시 키마치(益城町) 단층(국토지리원)

활단층 위도
주택 신축을 금지할 수 없다

주택 과잉 사회라는 복잡한 문제의 해결은 공공시설, 인프라의 재생·재편 움직임과 연계해 신규 주택의 입지를 이미 정비된 마을로 어떻게 유도할 것인가에 달려 있다. 하지만 일본은 주택의 입지를 유도하는 기능이 매우 약하다. 3장에서는 주택의 '입지' 관점에서 주택 과잉 사회가 안고 있는 구조적인 문제를 살펴보자.

재해가 예상되는 입지의 주택 신축

요즘에는 긴 장마와 게릴라성 폭우가 빈번하게 발생해 홍수에 의한 침수와 산사태, 토사 피해가 속출하고 있다. 그리고 수도권 직하형 지진(내륙에 있는 활단층에서 발생하는 진원이 얕은 지진)과 남해 트라프(시코쿠[四國] 남쪽 해저의 수심 4천 미터에 있는 가늘고 긴 계곡) 거대지진도 우려된다.

주민의 생명과 재산을 지키기 위해서는 재해 위험성이 있는 구역에 주택 신축을 억제할 필요가 있다.

2016년 4월 구마모토 현 구마모토 지방을 진앙으로 하는 지진이 발생했다. 마시키(益城) 정과 니시하라(西原) 촌에서는 진도 7의 지진이 관측되었고, 이 지진으로 구마모토 현과 오이타(大分) 현 아랫마을에서는 막대한 피해가 발생했다. 국토지리원 조사에 따르면 〈사진 3-1〉, 〈사진 3-2〉처럼 구마모토 지진으로 단층이 지표에 드러났다.[1] 〈사진 3-1〉에서는 이런 단층이 출현한 농지 주변에 주택이 연달아 들어선 모습을 볼 수 있다.

이후 부흥계획을 검토하던 중 확실하게 단층이 있다고 판명된 구역에 파손된 주택을 재건축하는 것은 위험하다는 의견이 나와 생활 재건, 농업 재건 등의 문제와 함께 지자체가 주민과 의논을 거듭해야 할 문제로 대두되었다. 활단층 바로 위에 위치한 니시하라 촌에서는 대부분의 건물이 파괴되고 토사 붕괴 위험도 있어 동일본 대지진 때 활용했던 집단 이전[2]도 부흥을 위한 방법 중 하나로 거론되었다.

---

1 국토지리원 홈페이지, 2016년 구마모토 지진에 관한 정보 중 '무인기가 촬영한 동영상' 캡처 사진.

2 방재집단전이추진사업(防災集団転移促進事業). 재해가 발생한 지역 또는 재해 위험 구역에서 주민이 거주하기 어렵다고 인정된 구역이 집단으로 이전하는 사업. 시정촌(市町村)이 대상 지역을 지정하고, 주민의 동의를 얻으면 단체 이전 추진 계획을 세우고 주택 건설이 진행되며, 거주자의 거주 비용이나 건축 비용, 이주 보조에 필요한 자금의 4분의 3을 국가가 시정촌에 보조한다.

이런 재해 위험성 관점에서 토지 이용 규제를 하는 제도로 건축기준법 제39조에 기초한 '재해 위험 구역'이라는 것이 있다. 재해 위험 구역은 쓰나미, 해일, 홍수 등으로 위험이 현저하게 높은 구역을 지정해 건축에 제한을 두는 것으로, 지자체의 조례로 지정된다. 기본적으로는 거주하기에 적당하지 않다고 인정된 구역에서 주택 집단 이전 지원을 할 경우 해당 구역에 주택 신축을 금지하는 재해 위험 구역을 지정하며, 집단 이전을 하지 않는 경우에는 건축물에 제한(바닥 높이와 건축 구조 등 제한)을 둔다.

이세만(伊勢灣) 태풍(1959), 홋카이도 난세이오키(南西沖) 지진(1993), 니가타 현 주에쓰(中越) 지진(2004), 동일본 대지진(2011) 등 과거에 발생한 재해가 재발할 가능성이 높은 재해 지역에 대해 재해 위험 구역으로 지정하는 경우가 많으며, 재해가 일어나기 전에는 지정하기가 매우 어렵다.

재해 위험 구역 이외에도 재해 위험성을 기준으로 지자체는 '토사 재해 특별 경계 구역'(토사재해방지법)과 '쓰나미 재해 특별 경계 구역'(쓰나미방어지역만들기법) 등을 지정할 수 있다.

토사 재해 특별 경계 구역이란 토사 재해에 대한 안전성이 확보될 경우에 한해 주택이나 택지의 분양 혹은 재해를 입은 사람이 이용하는 사회복지시설 등의 건설을 도도부현 지사가 허가할 수 있는 구역으로, 분양 목적이 아닌 자가 주택 신축은 제한 대상이 아니다.

쓰나미 재해 특별 경계 구역도 재해를 당한 사람들이 이용하는 병원과 학교 등의 건설에 대해서는 기술적인 기준에 적합할 경우에 한해 도도부현 지사가 허가하지만, 주택 신축은 금지 대상이 아니다. 그리고 2016년 3월 말 기준, 쓰나미 재해 특별 경계 구역을 지정한 도도부현은 한 곳도 없다.

한마디로 재해 위험성 관점에서 주택 신축 금지 구역을 지정하기란 여러모로 어렵다. 재산권 침해 문제도 있고 위험 구역 지정 후자산 가치 저하, 이미지 악화에 따른 지역 쇠퇴 등을 우려해 주민이 강하게 반대할 뿐만 아니라, 구역을 지정하기 위한 위험성 판단 근거를 명확하게 제시하기가 어렵기 때문이다. 덧붙여 지자체에 구역 지정과 그 후 조치에 필요한 재원과 인재가 부족한 것도 문제다.

도쿠시마 현의 활단층 조사

도쿠시마 현은 방재에 힘을 쏟는 지자체 중 하나다. 2012년 12월 '도쿠시마 현 남해 트라프 거대지진 등 지진에 강한 사회 만들기 조례'를 시행하고 전국에서 처음으로 '쓰나미 재해 경계 구역'을 지정했다. 이것은 앞서 말한 '쓰나미 재해 특별 경계 구역'과 달리 건축·개발 행위의 제한이 없으며 쓰나미가 발생할 경우 인적 재

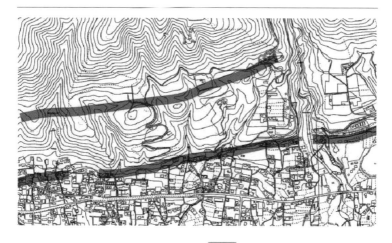

特정 활단층 조사 구역(조례 대상 구역)

표 3-1 도쿠시마 현 특정 활단층 조사 구역
도쿠시마 현 도쿠시마 제로 작전과 홈페이지에 있는 특정 활단층 조사 구역, 도쿠시마 현 고시
제516호(2013년 8월 30일)

해를 방지하기 위한 경계피난체제를 정비하는 구역이다.

그리고 '쓰나미 재해 경계 구역' 지정 이외에도 활단층의 뒤틀림에 따른 피해를 미연에 방지하기 위해 활단층을 중심으로 40미터 폭의 구역을 '특정 활단층 조사 구역'으로 지정했다(표 3-1).

이 구역에서 특정시설 등을 신축할 경우 사업자가 활단층을 조사해 활단층 바로 위를 피해 건설하도록 유도하는 것으로, 장기적으로는 토지 이용의 적정화를 목표로 하고 있다. 단, 여기서 말하는 특정시설은 일정 규모 이상의 학교, 병원 등 다수의 사람이 이용하는 건축물과 위험물을 적재하는 시설 등에만 한정되어, 단독주택이나 1천 제곱미터 미만의 2층 건물 정도의 맨션 등은 특정 활단층 조사 구역이라도 활단층 바로 위에 건설할 수 있다.

도쿠시마 현 담당자는 "특정 활단층 조사 구역으로 지정할 경우 토지, 건물의 자산 가치에도 영향을 미칠 가능성이 있어 단층 지형이 확실하게 노출되어 있는지 등 과학적 근거가 명확한 활단층만 대상으로 할 수밖에 없다"고 이야기했다. 그렇기 때문에 〈표 3-1〉처럼 실제로 지정된 특정 활단층 조사 구역에서는 연속되지 않고 끊어진 부분들을 볼 수 있다.

이처럼 활단층 위에 있어도, 토사 재해나 쓰나미 재해의 위험성이 예상되는 구역에 있어도 재산권에 집착하는 국민성과 헌법상 권리인 재산권을 침해하기 어렵다는 등의 이유로 주택 신축을 금지하기가 어렵다. 이런 현실에서 토지 이용 규제로 주택의 입지를 적극적으로 유도하는 것이 얼마나 어려운지는 말할 것도 없다.

그렇다면 다른 나라에서는 어떻게 할까?

지진이 많은 미국의 캘리포니아 주에서는 1971년 발생한 산페르난도 지진에서 특히 단층연선에서 피해가 컸다는 사실을 계기로 1972년 활단층법을 제정하고 활단층에서 15미터 이내에는 기본적으로 주택 건설을 금지했다. 그리고 지진단층지대로 지정된 구역 안에서 토지 매매 등 거래 시 이런 정보를 공개하도록 규정했다.

이 같은 조치 배경에는 활단층 부근의 토지 이용을 제한하지 않고 주택 건설을 허용했다가 인적 피해가 발생할 경우, 이에 대한 책임을 물어 정부에 소송을 거는 국민성과도 관계가 있다.

뉴질랜드 정부는 2004년 활단층 대책 지침을 발표해 위험도와 건물의 중요도에 따라 토지 이용을 규제할 권한을 지자체에 부여했다.

그러나 일본에는 활단층법 같은 법률이 존재하지 않는다. 일본은 땅 밑에 다수의 활단층이 밀집해 있어 규제의 과학적 근거를 명확하게 밝히기가 어려울 뿐만 아니라, 이미 활단층 위에 많은 주택이 자리 잡고 있어 이제 와서 활단층 위라고 주택의 신축을 금지하기가 현실적으로 어렵다.

쓰나미 예상 침수 지역에 주택이 신축되는 하마마쓰 시

캘리포니아 주 같은 '규제하는 방법'을 쓰지 않더라도, 도쿠시마 조례처럼 '특정 활단층 조사 구역'을 공개하는 등 재해 위험에 관해 미리 정보를 제공하는 '유도 방법'으로 활단층 위에 단독주택 건설을 피하도록 하는 것도 실질적인 효과가 있다. 캘리포니아 주역시 유도하는 방법을 병행해 주 민사 관련 법규로 토지와 건물을 매매할 때, 재해 위험성이 있다는 정보를 판매자가 구매자에게 제

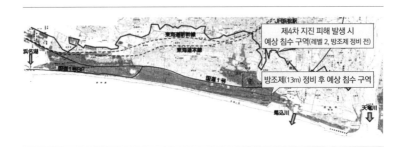

표 3-2 하마마쓰 시 연안 지역 방조제 안내문
시즈오카 현 하마마쓰 토목사무소에서 작성

공하도록 의무화하고 있다.

하지만 사전에 정보를 제공해도 재해 위험이 예측되는 지역에 신규 주택을 건축한 일이 하마마쓰 시에서 일어났다.

하마마쓰 시에서는 동일본 대지진 후 실시한 시즈오카 현 제4차 지진 피해 예상 결과 남해 트라프 거대지진 규모의 경우 쓰나미 침수 구역이 총 4,190만 제곱미터에 이를 것으로 예측되었다. 그래서 현재 시내 민간 기업 기부금 300억 엔으로 방조제를 정비하고 있으며, 정비가 끝나면 〈표 3-2〉처럼 쓰나미 예상 침수 구역이 1,361만 제곱미터까지 줄어들 것으로 보인다.

그런데 하마마쓰 시에서는 이 방조제가 정비된 뒤 침수될 것으로 예상되는 연안부에 주택이 신규로 들어서고 있다. '쓰나미 위험으로 가격이 저렴해졌다', '방조제가 생기니까 괜찮다', '친척과 가까운 집이 필요하다', '내가 살아 있는 동안에는 쓰나미가 오지 않으리라 믿는다', '만약 쓰나미가 와도 쓰나미 피난 타워 등으로 피하면 된다' 등 여러 가지 이유를 댄다.

재해 위험 정보를 제공하는 것만으로는 주택의 신규 입지를 유도하는 것이 얼마나 어려운지 보여준다. 그러므로 침수 예상 구역에서는 방조제 정비 후에도 쓰나미 피난 타워의 정비를 충실히 하여 안정성을 확보하고 주택 신규 건설을 억제하는 방안을 검토할 필요가 있다.

재해 위험 지역에 거주지의 총량을 더 이상 늘리지 않으려면 어떻게 해야 좋을지 모두가 진지하게 생각할 필요가 있다.

멈추지 않는
주택 난건설

군마 현 미도리 시의 경우

지방도시를 자동차로 달리다보면 농지에 주택, 공장, 점포 등이 섞여 있는 모습을 자주 볼 수 있다.

군마 현의 미도리(みどり) 시에서는 〈표 3-3〉처럼 하수도 정비와 초등학교와의 거리에 관계없이 주택의 난건설이 폭넓은 지역에 흩어져 진행되는 모습을 볼 수 있다. 그리고 농지 구역에 주택이 드문드문 난건설되어 있을 뿐 아니라 공장과 모텔 등 여러 용도의 건물이 혼재되어 들어서고 있다. 지방도시 대부분 마을에서 이런 광경을 볼 수 있다.

주택이 난건설되거나 여러 용도의 건물이 혼재하는 것이 왜 문제인가?

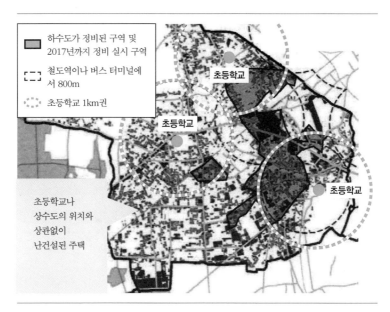

하수도가 정비된 구역 및
2017년까지 정비 실시 구역

철도역이나 버스 터미널에
서 800m

초등학교 1km권

초등학교

초등학교

초등학교

초등학교나
상수도의 위치와
상관없이
난건설된 주택

표 3-3 미도리 시 주택 난건설 현황
군마 현, '인구 감소에 따른 교외 토지 이용 방법 검토회', 토지이용 현황 지도를 토대로 작성
(2015년 11월)

공장, 물류시설 같은 건물이 들어서면 소음, 진동, 악취 등의 공
해와 대형 차량의 빈번한 왕래로 주거환경에 좋지 않은 영향을 끼
친다. 공장 입장에서는 주변 주택지나 농지에 피해를 끼치면 안
되기 때문에 공장을 원활하게 가동할 수 없고 농부 입장에서도 농
지 사이사이 주택과 공장이 들어서 농사의 효율성이 낮아지고 농
업 환경이 악화된다.

그래서 여러 용도의 건물들이 혼재해서 띄엄띄엄 건설되면 각

각의 환경과 활동에 서로 나쁜 영향을 끼칠 수밖에 없다.

군마 현에서는 풍요로운 자연환경을 활용해 생산된 여러 농축산물을 수도권에 안정적으로 공급하는 중요한 역할을 담당하고 있는데, 농지 사이사이에 주택과 공장 등이 들어서 부정형 농지가 늘어나면 이러한 농업 생산기지로서의 역할이 축소될 수밖에 없다.

또한 군마 현은 자동차 제조업을 시작해 일본 국내는 물론 해외에 자동차와 부품을 공급하는 중요한 역할을 맡고 있다. 이런 상황에서 난건설이 진행되면 모처럼 신규 사업 유치 수요가 생겨도 대응할 수 없다.

정비되지 못한 마을의 최후

개인 차원에서는 이러한 난건설이 별로 문제가 되지 않을 수도 있다. 하지만 마을 전체 관점에서 보면 주택 난건설은 앞으로 심각한 문제를 야기할 수 있다.

미도리 시에서는 전체 인구가 이미 감소하고 있다. 이런 상황에서 신규 주택 난건설이 진행되면 거주지 면적이 확대되어 인구밀도가 저하된다. 거주지 면적이 무계획적으로 넓어지면 도로와 상하수도 등의 인프라, 초등학교와 중학교, 공민관 등 공공시설의

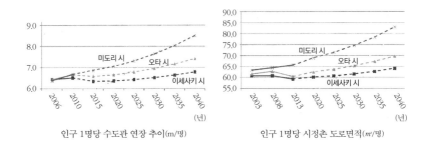

인구 1명당 수도관 연장 추이(m/명)   인구 1명당 시정촌 도로면적(㎡/명)

표 3-4 미도리 시의 인구 1명당 수도관 연장과 시정촌 도로 면적 추이
군마 현, '인구 감소에 따른 교외 토지 이용의 방법 검토회'(2015년 11월 자료)

유지관리 및 갱신에 드는 재정 부담이 증가해, 그 부담이 시민 한 사람 한 사람에게 전가된다.

장래에 미도리 시 인구 1명당 수도관이 연장되고 시정촌 도로의 면적이 증가할 것으로 예측된다(표 3-4). 많은 시정촌에서 인구가 감소하기 때문에 이 같은 문제가 전국 각지에서 일어날 것이 확실하다.

마을이 정리되지 않은 채 인구 감소와 고령화가 진행되면 이동거리와 이동시간이 비효율적이라 재원이 많이 부족해져서 각 주택에 상수도와 주택 앞 도로 정비 서비스를 제공할 수 없거나 추가요금을 지불하지 않으면 제공하지 못할 우려도 있다.

지방도시에서는 이동거리가 길어져 가사 및 간병 도우미가 하루에 방문할 수 있는 세대수가 이전보다 줄고 있다. 고령자를 위한 서비스뿐만 아니라 택배 서비스나 쓰레기 수거 같은 생활 필수 서비스도 같은 문제에 부딪힐 것이다. 앞으로는 서비스를 제공할 수 있는 노동자 세대가 현저하게 감소할 것이기 때문에 지금보다 더욱 효율성과 채산성을 계산할 수밖에 없어 이런 서비스들이 허술해질 위험이 높다.

인구밀도가 저하되면 거리의 대형 쇼핑센터와 체인점, 지방도시의 생활에서 빼놓을 수 없는 주유소 등이 통폐합하거나 폐업해, 이런 서비스를 이용하려면 지금보다 더욱 먼 거리까지 가야 한다. 경제산업성에 따르면 2005년 말부터 10년간 전국적으로 주유소의 감소율이 29.6%에 이른다. 또한 거주지에서 가장 가까운 주유소까지의 거리가 16킬로미터 이상 떨어진 시정촌이 257곳이나 된다(2015). 여기에는 법 개정에 따른 축적용 지하탱크의 수리 비용이나 주유소 경영자의 고령화도 영향을 미쳤다.

이처럼 마을을 제대로 정비하지 못하고 인구밀도가 계속 저하되는 마을은 주택 자체의 노후화도 문제지만, 지금처럼 살기 좋은 주거환경을 유지할 수 있을지 의문스럽다.

개발 규제가 거의 없는 비지정 구역

왜 지방도시에서는 주택 난건설을 막지 않을까? 사실 여기에도

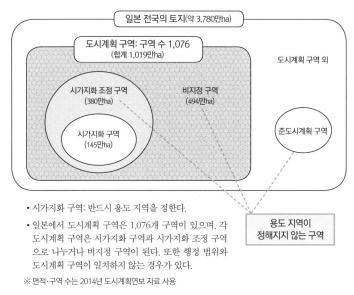

도시계획 구역: 구역 수 1,076
(합계 1,019만ha)

일본 전국의 토지(약 3,780만ha)

시가지화 조정 구역
(380만ha)

비지정 구역
(494만ha)

도시계획 구역 외

시가지화 구역
(145만ha)

준도시계획 구역

용도 지역이
정해지지 않는 구역

- 시가지화 구역: 반드시 용도 지역을 정한다.
- 일본에서 도시계획 구역은 1,076개 구역이 있으며, 각
  도시계획 구역은 시가지화 구역과 시가지화 조정 구역
  으로 나누거나 비지정 구역이 된다. 또한 행정 범위와
  도시계획 구역이 일치하지 않는 경우가 있다.

※ 면적·구역 수는 2014년 도시계획연보 자료 사용

표 3-5 일본 도시계획 구조

도시계획의 문제점이 작용하고 있다.

일본 도시계획에는 〈표 3-5〉처럼 시가지화 구역도, 시가지화 조정 구역도 아닌 불가사의한 구역이 존재한다. 이런 구역을 '비지정 구역'이라고 부른다.

'비지정 구역'이란 도시계획법에 따른 개발 규제가 없는 구역인데, 농지 관계 등 다른 법령의 규제가 허락하면 대부분 어디에나 주택을 건설할 수 있다. 군마 현 미도리 시를 비롯해 앞서 예로 든

구역들은 대부분 비지정 구역이다.

한 구역에 용도가 다른 건물들이 혼재하는 것을 방지하기 위해 지방도시 중에는 비지정 구역의 일부에 용도 지역을 정하는 경우도 있지만, 신규 주택이 반드시 주택 용도 지역에만 건설되는 것은 아니다. 오히려 용도가 고정되지 않은 구역에서는 개발 규제가 느슨해 자유롭게 건설할 수 있기 때문에 비지정 구역으로 신규 주택의 입지가 제한 없이 넓어지기도 한다.

도시계획의 본래 목적대로 여러 용도의 건물이 무계획적으로 들어서는 것을 방지하기 위해 영농 환경과 조화를 이루면서 주택과 공장 등을 건설하도록 계획적인 개발을 유도할 필요가 있다. 그런데 비지정 구역은 도시계획법상 개발 규제가 없기 때문에 주택 난건설과 여러 용도의 건물이 혼재하면서 인구밀도가 낮게 거주지가 넓게 확산되는 것을 막지 못해 몹시 안타까운 상황이다.

주택 난건설은 빈집 증가에 어떤 영향을 미칠까?

군마 현 미도리 시는 비지정 구역에 주택이 난건설되어 2003년부터 10년간 총 주택 수 증가율이 1.31배로, 고토 구(1.32배)와 같은 수준이다(주택·토지 통계조사). 지방도시의 총 주택 수의 증가율이 초고층 아파트의 건설 붐이 계속되는 고토 구와 비슷한 수준이라는 것이 놀랍다.

한편, 고토 구의 빈집 증가율은 2003년부터 10년간 1.09배로 그다지 변화가 없었으나 미도리 시에서는 2.15배로 증가했다. 특허 '그 외 빈집'의 증가율이 1.95배나 되었다.

비지정 구역에서 입지를 따지지 않고 매물로 나온 농지에 신규 주택이 들어서는 등의 상황이 빈집의 증가를 조장하고 있다.

비지정 구역이 존재하는 이유

그렇다면 왜 비지정 구역이 생겨난 것일까?

지금의 도시계획법은 고도성장이 한창이던 1968년에 제정되었다. 당시 3대 도시권을 중심으로 개발을 제한하는 제도가 도입되었는데, 많은 지방도시에서는 도시계획 구역 지정을 예상하고 일단 규제를 유보하는 잠정적인 조치를 취했다. 그래서 당시에는 아직 제한하지 않는다는 뜻으로 '미제한 구역'이라고 불렀다.

이렇듯 도시계획법이 대도시의 인구 급증에 대비하기 위한 목적으로 도입되었기 때문에, 당시 인구밀도가 낮은 곳이 많았던 지방도시에서는 시가지화가 급격하게 진행될 것으로 예상하지 않아 적극적인 대책을 마련하지 않았다.

2000년 도시계획법이 개정되고 3대 도시권, 지정도시를 제외한 도도부현이 도시화 추세를 반영해 개발 제한을 도입했다. 이때부터 '미제한 구역'이 '비지정 구역'으로 불렸다. 이런 과정을 거쳐 비지정 구역은 일본 전 국토 면적의 약 13%(2014년 3월 말)나

차지한다.

1968년 당시 지방도시의 비지정 구역은 개발 수요가 적은 농지 구역이어서 급격한 시가지화가 진행될 것이라고 예상할 수 없는 곳들이었다. 하지만 세월이 흐르면서 지방에서는 자동차를 1명당 1대 이상 소유하게 되어 우회도로나 다리, 고속도로의 정비가 이루어졌고 쇼핑, 통근, 통원 등에 자가용을 이용하면서 광역 생활권이 형성되었다. 그러면서 국도를 따라 도로변 상가가 건설되고 주택, 공장, 병원의 입지 제약이 없어졌다.

그러나 우리의 라이프스타일과 사회경제가 크게 변화하고 있는데도 현행 도시계획법은 1968년 제정 당시의 틀을 벗어나지 못하고 있다. 그래서 농지 관계 등 다른 법령이 허락만 하면 마을 어디에나 주택이 계속 들어서는 것을 막을 수 없다.

또한 2000년에 도시계획법이 개정되어 도도부현이 제한 지역을 지정할 수 있게 되자 오히려 제한을 폐지하는 도도부현도 출현했다. 예를 들면, 가가와(香川) 현에서는 2004년 시가지화 조정 구역의 과소화에 대한 위기감과 도시계획 구역 너머로 개발 수요가 유출되는 것을 방지하고자 개발 제한을 폐지해 모든 도시계획 구역이 비지정 구역이 되었다.

그 결과 다카마쓰 시에서는 용도 지역이 아닌 교외에서 신규 주택 개발이 현저히 증가해 도심 지역에선 인구가 감소하고 농지 가운데 듬성듬성 주택이 들어서면서 시가지의 인구밀도가 저하되기 시작했다.

인구 증가를 유도하기 위해 어디에든 주택을 건설해도 좋다는 식이 아니라, 미래 세대에 물려줄 마을 중심으로 개발 수요를 유도하는 것이 중요하다. 한마디로, 주택 과잉 사회에서는 '개발 규제 완화'가 아니라, 마을이 지속적으로 잘 정비되도록 '입지 유도'가 필요하다.

규제 완화를 통한
인구 쟁탈전

주변 마을로 인구가 유출된 마에바시 시

니케이BP 인프라 종합연구소가 실시한 전국 인구 증가율 종합순위(2005~2010년 국세조사를 기본으로 한 인구 증가율)에 따르면, 5위는 도야마(富山) 현 후나하시(舟橋) 촌, 6위는 이시카와(石川) 현 가와키타(川北) 정, 9위는 군마 현 요시오카(吉岡) 정이다. 모두 중심도시에 인접한 작은 마을로, 도시계획상 비지정 구역이다.

각 지자체는 인구 증가를 목표로 개발 지향적인 정책을 펼칠 수밖에 없는 측면이 있다.

하지만 비지정 구역은 더 이상 용도의 혼재와 주택 난건설 같은 지자체의 문제만이 아니다. 실제로 비지정 구역이 근접한 지자체의 개발 수요와 인구에 영향을 미치는 경우가 많다.

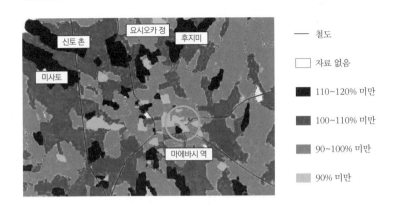

——	철도
☐	자료 없음
■	110~120% 미만
■	100~110% 미만
■	90~100% 미만
■	90% 미만

표 3-6 군마 현 인구 증감 지역 지도(2000 · 2005년도 국세조사에서 작성)
군마 현, '군마 마을 만들기 비전'(2012년 9월)

마에바시 시는 2004년을 정점으로 인구가 감소세로 전환했으며, 중심부 인구가 감소하는 한편 근접한 요시오카 정, 신토(榛東) 촌, 구후지미(旧富士見) 촌(2009년 마에바시 시에 합병), 구미사토(旧箕鄕) 정(2006년 다카사키 시에 합병)에서는 인구가 증가하는 곳이 많다는 것을 알 수 있다.

인구가 증가한 곳은 모두 개발 규제가 느슨한 비지정 구역이다. 즉, 지금까지 세금으로 열심히 정비해온 기존 마을에서 토지 가격이 저렴하고 개발 규제가 느슨한 교외의 비지정 구역으로 인구와 개발 수요가 점점 유출되고 있는 것이다.

규제 완화 경쟁의 악순환

군마 현 요시오카 정은 우회도로와 조우모(上毛) 대교가 개통되고 ETC(Electronic Toll Collection, 하이패스 같은 통행료 전자 지불 시스템) 전용 스마트 인터체인지 신설 등으로 주변 시정촌, 특히 마에바시 시에 대한 접근성이 비약적으로 좋아졌다. 그 결과 비지정 구역인 요시오카 정에서는 택지 개발과 대형 상업시설 등의 개발이 활발해지고 요시오카 정과 마에바시 시 사이에 개발 수요 및 인구 쟁탈전이 벌어졌다. 요시오카 정은 현재도 인구가 계속 증가해 초등학교 교실이 부족하지 않도록 교사를 증축하고 있다.

이런 상황에 위기감을 느낀 마에바시 시는 개발 수요와 인구 유출을 막기 위해 제1장에서 얘기한 가와고에 시나 하뉴 시처럼 시가지화 조정 구역의 대폭적인 규제 완화로 대부분의 구역에서 농지 관계 등의 다른 법령과 개발 허가 요건이 맞으면 택지 개발이 가능하도록 했다.

하지만 이런 시가지화 조정 구역의 규제 완화로 인해 가와고에 시에서와 같이 마에바시 시 중심부 마을에 빈집이 증가하는 부작용이 나타날까봐 우려된다. 실제로 마에바시 시의 빈집 비율(주택·토지 통계조사)은 15.9%로 전국 평균 13.5%보다 높고(2013), 2003년부터 10년간 빈집의 증가율은 1.47배이며, 그 외 빈집의 증가율은 1.92배에 이른다.

어떻게든 인구를 늘리려는 지자체는 필연적으로 좁은 시야에서 개발 규제를 완화하는 방향으로 흐르는 경향이 있어, 한정된 인구와 개발 수요의 쟁탈전이 벌어지고, 그럴수록 더 규제를 완화하는 '규제 완화 경쟁'의 악순환이 확산된다. 결국 그러한 규제 완화 경쟁은 인구밀도를 저하시키면서 거주지 면적을 확대하는 비효율적인 지자체들을 양산한다.

지방 분권화의 부작용

이런 규제 완화 경쟁을 어떻게 하면 해소할 수 있을까?

광역 차원에서 도시계획 규제를 강화하거나 개선하면 된다고 생각하는 사람이 많을 것이다. 구체적으로 비지정 구역을 제한구역으로 변경하거나 과도한 도시계획 규제 완화를 억제하는 방향을 생각해볼 수 있다.

하지만 현실적으로 이런 광역적인 도시계획은 실행하기가 어렵다. 지방분권화 흐름에서 도시계획에 관한 권한이 대부분 도도부현에서 시정촌으로 이양되었기 때문이다.

2000년 지방분권일괄법이 시행된 이후 지방분권 개혁이 이루어져, 중앙집권형 행정 시스템에서 지방의 자주성과 자립성이 충분히 발휘되는 방향으로 전환해, 주민의 생활에 밀접한 행정 기능을 가능한 한 주민에게 가까운 지자체가 결정하도록 했다.

이런 지방분권화의 흐름 속에서 도시계획 분야는 '지방분권의 우등생'이라고 불렸다. 그리고 도도부현은 시정촌의 구역을 넘어 광역적, 기본적 도시계획에 한정된 권한을 갖게 되었다. 즉, 현재의 도시계획 행정은 각 시정촌 수장의 방침과 시정촌 직원의 의식과 전문적 역량에 크게 좌우된다.

도도부현이 개발 규제를 변경하는 권한을 가지고 있지만 시정촌의 의향을 무시하고 비지정 구역을 강제로 제한구역으로 변경하기는 어렵다.

비지정 구역을 가진 대다수 시정촌에서는 건물 용도의 혼재와 주택 난건설에 대해 문제의식을 갖고 있지만 근접한 시정촌의 인구를 빼내와서라도 인구를 늘리는 것이 목표이기 때문에 비지정 구역의 규제 완화를 원하지 않는다.

그리고 농지 등을 전용해 토지를 활용하고 싶은 토지 소유자, 어디에나 무엇이든 자유롭게 건설하고 싶은 부동산업자와 건설업자, 인구 증가나 생산력 유지를 추구하는 개발 지향적 지자체장과 지방의원 등 여러 이해관계가 얽혀 있기 때문에, 안타깝게도 장기적인 관점에서 도시계획이 실효성 있는 형태로 개선되는 경우는 거의 없다. 그리고 이미 저밀도로 거주지가 넓게 드문드문 퍼져 있는 마을에서는 어디에 거주지를 결집할 것인지 결정하기가 어렵다.

승자가 되기 위한 시정촌의 논리

시가지화 조정 구역의 규제 완화에 관한 조례 제정권을 정령시(政
令市, 일본 대도시 제도의 하나로 법정 인구 50만 명 이상 도시)나 중핵시
(中核市, 법정 인구 20만 명 이상 도시) 차원의 커다란 지자체가 아닌
작은 시정촌에 도도부현이 독자적으로 권한을 이양하기도 한다.

도시계획 규제 완화는 토지를 자유롭게 이용하고 싶은 사람들
에게 지지를 얻기 쉬워 선거에서 표로 연결되기 쉽지만 제2장에
서 얘기한 공공시설의 재생 및 재편 문제와 마찬가지로 도시계획
의 규제 강화는 선거에서 표로 연결되지 않는 경우가 많다. 그래
서 각 지자체장, 지방의원, 시정촌의 담당 공무원 모두 굳이 도시
계획의 규제를 강화하는 방향으로 움직이지 않는다.

한마디로 인구 증가를 목표로 하는 시정촌의 논리만으로 개발
과 규제 완화 경쟁이 반복되어 규제가 느슨한 방향으로 인구와 개
발 수요가 흘러간 결과, 토지 이용 제한이라는 본래 도시계획의
중요한 책무에 힘쓰는 시정촌은 오히려 인구와 개발 수요를 빼앗
겨 손해를 보는 불합리한 상황이 되었다.

물론 시정촌의 규제 완화가 모두 나쁜 것은 아니다. 또 시정촌
중에는 독자적으로 마을 만들기 조례를 책정하고 장기적인 시점
에서 진지하게 도시계획을 이행하는 곳도 있다. 전국적으로 획일
적인 기준을 적용하기보다 각 시정촌의 특성을 감안한 맞춤형 도

시계획이 필요하다.

가까운 시정촌 간 인구와 개발 수요 쟁탈전을 방지하고, 신중하게 도시계획을 세워 실행하는 시정촌이 손해를 보지 않도록, 각 시정촌이 동일한 규칙을 적용해 최소한의 규제 완화를 하는, 본래의 목적에 충실한 새로운 도시계획의 틀을 마련해야 한다.

입지를 고려하지 않는
주택정책

주거생활 기본계획

지금까지 본 것처럼 일본의 도시계획 관련 규제는 외국에 비해 꽤 느슨하며, 특히 주거 입지를 유도하는 기능을 구비하지 못했다. 그렇기 때문에 주택의 입지를 제대로 유도하기 위해서는 도시계획과 주택정책을 확실하게 연계하는 것이 중요하다.

그렇다면 어떤 주택정책을 채택해야 할까?

제2장에서 언급했듯이 2016년 3월 이후 10년간 주택정책의 지침이 되는 새로운 '주거생활 기본계획(전국계획, 계획기간은 2016~2025)'이 결정되었다.

'주거생활 기본계획'의 방침 중 하나로 저출산·고령화, 인구 감소 사회를 정면으로 받아들이고, '기존 주택의 유통과 빈집의 활용을 촉진해 주택 재고 활용형 시장으로 전환을 가속화'하며, '청년, 육아 세대와 고령자가 안심하고 살 수 있는 주거생활 실현'을 목표로 한다.

이런 방침을 바탕으로 양질의 안전한 신규 주택 공급을 목표로 신규 주택 중 인정(認定) 장기우량주택의 비율을 11.3%(2014)에서 20%(2025)로 올리고, 고령자용 주택 비율을 2.1%(2014)에서 4%(2025)로 올리는 등의 성과지표를 내걸었다.

이것을 달성하기 위한 주택정책으로 세제 우대 조치와 건설비 보조, 융자 등 여러 지원 제도를 마련할 예정이다.

중고 주택 중심 사회를 목표로 한 장기우량주택

장기우량주택이란 주택의 해체와 철거에 수반되는 폐기물 배출을 억제하고 재건축 시기를 늦춤으로써 주택 소유자의 부담을 줄여주고 미래 세대에 양질의 주택을 물려줄 목적으로 지은, 일반 주택보다 훨씬 더 장기간 사용할 수 있는 주택을 일컫는다. 장기우량주택으로 인정되면 감세 등의 혜택을 받을 수 있다.

원래 표준적인 주택의 유효 수명이 영국은 약 77년, 미국은 약 55년인데, 일본은 30년 정도로 극히 짧다. 여기서 '만들면 부순다'에서 '좋은 것을 만들고 제대로 수리해 길고 소중하게 사용'하는 중고 주택 중심 사회로의 전환을 목표로, 2009년 6월 '장기우량주택의 보급 촉진에 관한 법률'이 시행되어 장기우량주택의 유효 수명이 75~100년으로 늘어났다. 장기우량주택으로 인정받으려면 건물의 기본 구조부의 내진성이 높아야 하고, 배관 등의 설비 보수나 교체가 쉽고 구조 변경이 수월해야 하며, 장기적인 점검과 개보수에 관한 유지관리 계획을 미리 준비해야 한다.

장기우량주택으로 인정받으면 주택융자금에 대한 소득공제가 일반 주택에 비해 높고, 주택 성능 강화 비용(상한선 있음)의 10%를 소득공제받을 수 있다. 또한 등록 면허세, 부동산 취득세에서도 우대받고 고정자산세 감면 조치도 일반 주택보다 2년간 연장되어 단독주택은 5년간, 아파트는 7년간 혜택을 받을 수 있다. 주택융자 금리도 주택융자지원기구의 플랫35S[3]의 혜택을 받는 등 우대 조치가 있다.

장기우량주택의 인정 실적은 누계로 단독주택은 67만 9천 채, 공동주택 등은 1만 7천 채로, 합하면 69만 6천 채에 이른다.

'좋은 것을 만들어 제대로 가꾸면서 길고 소중하게 사용'하는 중고 중심 사회로 전환하는 정책은 정말 중요하다. 그렇지만 이런 '100년 보증'이라는 장기우량주택의 입지는 고려하지 않고 일률적으로 취급해 세제, 금융 면에서 우대하는 것은 문제다. 장기우

---

3 '장기우량주택 제도'로 2007년부터 모집 인원[예산]과 기간을 설정한 장기 고정금리 주택담보 대출상품의 명칭이다 - 옮긴이.

량주택은 도시계획법 등의 개발 규제가 허락하면 전국 어디서든 일반 신규 주택에 비해 여러 우대 조치를 받을 수 있게 되어 있다.

도시계획 연구자인 히구치 슈(樋口秀)는 나가오카(長岡) 시(니가타 현)에 신축된 장기우량주택의 입지를 조사한 결과, 전체의 약 40%가 시가지화 조정 구역과 합병 전 정촌(町村) 구역 등 농지와 산촌 지역에 입지하고, 시가지화 구역 안에 있어도 그중 약 30%는 인구밀도가 낮고 상가와 학교에서 거리가 멀고 도로 정비가 되어 있지 않은 곳에 입지하고 있다.

하구치 슈는 장기우량주택을 사회적으로도 우량한 주택으로 만들기 위해서는 입지까지 포함해 재검토할 필요가 있고, 환경오염을 방지하려는 장기우량주택의 목적을 고려해 저탄소 사회를 지향해야 하기 때문에, 입지 선정 시 미래의 생활환경까지 고려하지 않으면 안 된다고 지적한다.

위험한 입지의 장기우량주택

신규 주택 검색 사이트에서 장기우량주택을 검색하면 전국 각지의 다양한 입지에서 주택을 찾을 수 있다.

아이치(愛知) 현에서 판매 중인 장기우량주택은 하천 옆 전원 지역에 건설되었는데, 가장 가까운 역까지 도보로 이동하기가 어려운 것은 물론 버스 정류장에서도 도보로 16분이나 걸리고, 도보 권내에 편의점도 없어 자동차가 없으면 생활이 어려운 상황이다. 그런 이유 등으로 이 주택의 주차장에는 자동차 4대를 주차할 수 있는 공간이 마련되어 있다.

일반적으로 강가의 저지대는 수해가 발생했을 때 침수되기 쉬워 주의가 필요한데 이 주택이 위치한 시정촌의 홍수 재해예측도 (hazard map)를 보면 근접한 하천이 범람할 경우 수위가 1~2미터나 되어 주택이 1층까지 침수되며, 주변 지역은 수위가 2~5미터로 2층까지 침수될 것으로 예상된다.

재해예측도는 '150년에 1회 정도 호우로 하천이 범람할 경우'라고 가정하기 때문에, 그 가능성을 어떻게 받아들이느냐는 사람에 따라 다를 것이다.

하지만 이런 재해예측도는 주로 제방이 무너지거나 넘치는 외수(外水)의 범람을 상정한 것이어서, 최근 급증한 게릴라성 폭우로 도로나 건물이 침수하는 내수(內水) 범람의 위험성은 고려하지 않는 경우가 많다. 이 시정촌의 홈페이지에서도 내수 재해예측도는 찾아볼 수 없다.

일반적으로 하천을 따라 넓게 분포한 농지는 원래 물길이거나 폭우가 내렸을 때 빗물이 고여 하천의 수량을 조절하는 저수지로서 주변의 침수를 방지하는 역할을 해왔다. 하지만 이런 내수 범람의 위험이 큰 저습지라는 것을 알지 못한 채 거주지로 선택해

장기우량주택을 세우는 경우가 있다.

시즈오카 현에서 거래되고 있는 장기우량주택은 가장 가까운 역에서 도보로 30분 걸리는 높은 지대의 별장지에 건설되어 자동차가 없으면 생활이 어려운 상황이다. 그래서 이 주택에도 자동차를 3대 주차할 수 있는 주차장이 완비되어 있다. 이 장기우량주택에 입주할 경우에는 세금 등의 우대 조치를 받을 수 있다. 실제로 은퇴 후 이런 별장지에서 한가로운 생활을 즐기기 위해 구매를 고려하는 사람도 있을 것이다.

하지만 근접 구역이 토사 재해 특별 경계 구역(토사)과 토사 재해 경계 구역(급경사 토지의 붕괴)으로 지정되어 시즈오카 현 토사 재해 위험지도에도 급경사 토지 붕괴 위험 구역, 토지 미끄럼 위험 구역으로 표시되어 있다. 또한 이 부지는 택지 조성에 따른 산사태, 토사 유출 등의 재해를 방지하기 위해 규제를 받는 택지 조성 공사 규제 구역으로도 지정되어 있다.

이런 사례들을 보면 침수와 토사 재해 같은 재해 위험성이 우려되는 입지에도 75~100년 유지할 장기우량주택이 계속 건설되고 있음을 알 수 있다.

한편 장기우량주택의 목적 중 '환경오염 방지'도 있는데, 자동차가 없으면 생활이 불가능한 입지나, 심지어 가구당 3~4대나 주차가 가능한 주차장이 설계된 주택이 과연 환경에 기여할 수 있을지 의문이다. 이런 상황인데도 건설된 입지와 관계없이 주택융자 혜택은 물론 고정자산세 등 각종 세금에 대해 일반 주택보다 공적으로 우대를 받는 것은 문제가 있다.

고령자를 위한 장기노인복지주택

고령자 독신, 부부 세대가 급격히 증가하고 있어 고령자가 독신이라도 안심하고 살아갈 수 있는 주거환경의 확보가 중요하다. 하지만 고독사와 치매에 의한 피해가 우려된다는 이유로 일반적인 임대주택은 고령자를 거부하는 경향이 있다.

이에 따라 2011년 4월 '고령자 거주 안전 확보에 관한 법률(고령자 주거법)'이 개정되었다. 그리고 그것을 받아들인 지역에서는 '노인복지주택'을 건설하기 시작했다. 주택정책으로 노인복지주택을 건설할 경우 세제 우대 조치와 건설비 보조, 융자 등 여러 지원을 해준다. 그리고 앞서 말한 '주거생활 기본계획(전국계획)'에도 고령자용 주택 증가 목표가 포함되어 있다.

노인복지주택이란 고령자가 안심하고 생활할 수 있는 터전을 만들고 유지하기 위한 주거시설로, 개인실의 넓이와 설비, 배리어 프리[4] 같은 외형적인 조건과 함께 돌봄 전문가를 통한 안부 확인과

---

4 barrier free. 문턱을 없애는 등 고령자와 장애자가 생활에 지장을 받지 않도록 고려한 건축방식이며, 더 나아가 모든 물리적·제도적 장벽을 없애는 운동을 뜻하기도 한다 – 옮긴이.

생활 상담을 제공하는 고령자용 임대주택이다. 입욕, 배설, 식사 등과 간호, 건강관리 등의 서비스는 입주자의 희망에 따라 유료로 제공된다. 이러한 제공 내용과 상황은 사업자에 따라 천차만별이다.

일반적으로 민간 사업자에 의해 운영되고, 지자체에서 허가 및 등록을 받아야 하며, 자립할 수 있거나 가벼운 간호가 필요한 고령자가 주대상이다. 집처럼 자유로운 생활이 가능하고 익숙한 주거환경에서 필요한 서비스를 받으며 지속적으로 생활할 수 있다는 것이 장점이다.

이런 노인복지주택의 건설과 수선비에 대해 정부는 민간 사업자, 의료법인, 사회복지법인, 비영리단체 등에 직접적인 보조를 하기도 하고, 신축 혹은 취득한 경우 소득세, 법인세, 고정자산세, 부동산 취득세 우대 조치, 임대주택 융자 등의 지원을 하고 있다. 이런 공적인 지원에 힘입어 간호, 의료 계통의 사업자는 물론 부동산과 건설 관련 사업자가 참여해 노인복지주택의 등록이 급속도로 증가하고 있다(2016년 7월 말 기준, 노인복지주택의 등록 상황을 보면 전국적으로 6,248동, 20만 4천 채에 이른다).

불편한 입지에 세워진 노인복지주택

이러한 노인복지주택도 입지가 문제다. 노인복지주택은 고령자가 생활하기 편한 지역보다는 주로 토지 가격이 저렴한 지역에 세워져 철도와 버스 같은 교통기관과 의료기관에 접근하기 어렵다는 문제가 지적되고 있다. 국토교통성 자료에 따르면, 토지 가격이 저렴할수록 노인복지주택의 공급이 많은 편이다.

이 배경에도 역시 도시계획에 따른 개발 규제가 느슨하다는 점이 작용한다. 노인복지주택은 기본적으로 민간 사업자가 고령자용 임대주택을 건설하고 운영하는 것이기 때문에 민간의 시장원리에 따라 '저렴한 곳에 건설'하는 구조다.

예를 들어, 이바라키 현에 있는 노인복지주택은 농지, 농가주택, 나무가 많은 시가지화 조정 구역에 건설되었다. 도보권에 편의점도 없고, 철도나 버스 같은 대중교통도 이용하기 불편해 자동차가 없으면 생활이 어렵다. 각 가구의 전용면적은 18제곱미터 정도로, 욕조와 부엌을 공동으로 사용하는 고령자용 임대주택이다. 이런 주택에 고령자가 입주하면 주변에 생활편의시설이 아무것도 없어 집 안에만 머무를 우려가 있다.

노인복지주택은 내 집처럼 익숙한 환경에서 필요한 서비스를 받으면서 고령자가 자유롭게 자립적으로 살아갈 수 있게 하려는 목적으로 건축된 임대주택이기 때문에, 편의점이나 슈퍼마켓, 병원, 간호기관 같은 시설을 갖춘 마을과의 거리는 물론 고령자가 안심하고 살아갈 수 있는 입지가 매우 중요하다.

하지만 현실은 입지와 관계없이 노인복지주택 요건을 충족하면 각종 세제 혜택과 신축 건설비의 10분의 1(1가구당 100만 엔이 상한선)에 해당하는 보조금 등을 지원해 노인복지주택 건설에 막대한 세금이 투입된다.

이에 더해 최근 농지 등을 활용한 새로운 비즈니스 모델로 노인복지주택을 30년 일괄 임대 방식으로 전대차하는 서브리스형 부동산과 건설업자가 등장했다. 제1장에서 말한 하뉴 시의 임대주택 공급 과잉 문제와 마찬가지로 노인복지주택 증가라는 정부의 시책을 배경으로 지역 주민을 위한 생활 터전 공급이라는 본래 목적이 아니라 교외 농지에 대한 상속세 대책과 토지 활용 목적으로 노인복지주택이 난립할 우려가 있다.

이런 입지 문제가 지적되는 와중에 국토교통성에서는 대중교통이 열악한 지역에 노인복지주택을 공급하는 것은 서비스 기능이 저하될 우려가 있으므로, 각 시정촌이 지역에 따라 공급 방침을 정하고 입지의 적정성을 평가하는 매뉴얼 정비 계획을 마련하도록 방침을 정했다. 주택정책을 드디어 입지 유도라는 관점에서 바라보기 시작한 것이다.

앞으로는 장기우량주택이나 노인복지주택 모두 건설되는 입지에 따라 세제 우대 조치나 건설비 지원을 달리해야 한다.

주택 과잉 사회와
콤팩트시티

도시 확산 현상과의 전쟁

일본은 1960년대 이후 급속한 경제성장과 생산구조 변화에 따라
인구와 산업이 지방에서 대도시로 넘어오며 파도가 밀려오듯 도
시화가 진행되었다.

당시 대도시에서는 주택난, 통근난, 교통난, 공해, 난개발 등 각
종 도시 문제가 발생해 이런 도시 문제에 대응하는 것이 정부의
중요한 시책 중 하나였다. 그래서 교통 인프라를 정비, 확대하고
주택난에 대처하기 위해 공장 단지를 이전하는 등 계획적으로 도
시 정비가 진행되었다.

하지만 너무 엄청난 개발 수요를 따라가지 못하고 대도시 교외
의 농지와 산림에 주택들이 띄엄띄엄 들어서고 거주지가 무질서

하게 확대되기 시작해 주택지에 필요한 기본적인 배수시설과 도로, 공원 등이 충분이 정비되지 않은 불량한 시가지가 형성되었다. 지자체는 주택이 들어서고 나서야 도로와 하수도를 정비하는 등 어쩔 수 없이 비효율적인 공공투자를 하게 되었다.

도시계획 분야에서는 시가지가 무질서하고 무계획적으로 확대되는 현상을 '도시 확산 현상'이라고 하는데, 고도성장기의 도시계획은 이 도시 확산 현상과의 전쟁이었다.

대도시 교외에서 도시 확산의 폐해에 대응해 시민이 건강하게 문화생활과 일상생활을 할 수 있도록 토지 이용에 적정한 제한을 두거나 도시에 필요한 시설 정비를 진행하기 위해 1968년 도시계획법이 제정되었고 (개발) 제한 제도와 개발 허가 제도가 새롭게 도입되었다.

제한 제도는 앞서 말한 대로 도시계획 구역 중 개발을 유도하고 촉진하는 시가지화 구역과 원칙적으로 개발을 억제하지만 장래에는 시가지화 구역이 될 예정인 시가지화 조정 구역으로 구분하는 제도다.

그리고 개발 허가 제도는 시가지화 구역에서 일정 규모 이상의 개발 행위에 대해 도로와 배수 등에 관한 기술 기준을 만족할 경우 개발을 허가하는 제도다.

이처럼 도시계획법은 원래 교외 농지지역은 시가지화를 억제하고 정해진 예산에서 계획적으로 시가지를 정비하고 개선해 왕

성한 개발 수요를 시가지화 구역으로 유도하는 '콤팩트시티'를 목
표로 한 것이다.

콤팩트시티란 주택이 교외로 확산되는 것을 억제하고 공공시
설과 병원 등의 도시 기능과 거주 기능을 중심 거점과 생활 거점
에 집약함으로써 중심 시가지의 활성화, 공익 서비스의 효율화,
재정 지출의 축소 등을 목표로 하는 마을이다. 여기에서 목표로
하는 전형적인 마을의 모습은 대중교통을 축으로 거점이 되는 역
과 버스 정류장에서부터 도보권에 주택, 상점, 공공시설 등이 모
여 있는 것이다.

최근 인구가 감소하고 재정적으로 힘든 상황에서 효율적인 공
공투자와 행정 서비스의 필요성이 높아지면서 콤팩트시티의 사고
가 도시계획의 주류가 되었는데, 사실 이것은 일본에서 예전부터
추구하던 개념이다.

도시계획의 후퇴

시간이 흐르면서 콤팩트시티를 목표로 했던 도시계획법과 제도는
원래 목표에서 벗어났다. 활용도가 낮은 농지와 창고, 공장 부지
를 개발하고 싶은 토지 소유자, 개발업자와 건설업자, 경제 활성
화와 인구 증가를 목표로 하는 지자체장과 지방의원 등에 의해 도

시계획의 규제는 철폐해야 할 표적이 되고 말았다.

그 결과 교통 인프라도 취약하고 정비되지 않은 지역에 규제 완화가 진행되고 세금이 쓰이는 거주지도 계속 증가해 대규모 공공투자가 필요한 상황에서 빠져나갈 수 없게 되었다.

2000년에 도시계획법이 개정되어 시가지화 조정 구역의 개발 허가 제도가 대폭 완화되면서 도도부현에서 개발 허가 권한을 양도받은 시정촌이 조례를 지정한 구역에는 개발을 허용했다. 그리고 개발을 촉진해 인구를 증가시키려는 지자체장과 지방의원 등에 의해 농지 관계 등 그 외 법령이 허락한다면 어디든 주택을 건설할 수 있도록 규제 완화가 과도하게 이루어졌다.

특히 2001년 출범한 고이즈미 정권부터 '도시재생'을 키워드로 민간 주도의 개발을 진행해 경제 활성화를 노리는 정책이 본격화되어 대도시를 중심으로 도시계획의 대폭적인 규제 완화가 가속화되었다. 그 결과 거품 경제 이후 애물단지였던 농지 등이 개발되고 오피스, 상업, 주택 등 다양한 용도가 복합된 질 높은 시가지 환경으로 재생한 지역도 다수 출현했다.

하지만 일부 구역에서는 국소적인 규제 완화에 의해 교통과 생활 인프라가 취약한 좁은 구역에 초고층 맨션이 난건설되었다.

대도시, 지방도시 모두 지금까지 세금을 투입해 정비해왔으나 공동화하는 기존 주택지를 보고도 못 본 척하며 도시계획의 과도한 규제 완화로 더욱 도시 확산 현상을 심화시켰다. 이렇듯 거주지 기반이 정비되지 않은 지역에 주택이 들어서고 이후에 공공투자가 필요해지는 상황이 계속 벌어지고 있다.

다시 도시계획의 주류가 된 콤팩트시티 사고

도시계획이 시대 변화의 흐름을 놓친 것만 문제는 아니다. 자동차 사용이 일반화된 지방도시에서는 교통망 정비라는 사회적 기반의 변화와 라이프스타일의 변화에 맞춰 도시계획 규제의 틀을 개선하지 못했다는 문제가 있다.

예를 들어, 앞서 말한 군마 현 미도리 시나 요시오카 정처럼 교통이 불편하고 토지가 저렴한 농촌 지역의 비지정 구역에 주택 개발 수요가 일어나 지금까지 공공투자로 정비해온 중심 거주지의 노후 주택들이 버려지는 비효율적인 악순환이 계속 벌어졌다.

지금까지는 주택 공급 과잉 문제에 대해 일반적으로 개발자와 정부의 주택정책이 비판 대상이 되는 경우가 많았지만, 사실 주택 정책과 도시계획을 연계시키지 못한 각 시정촌의 도시계획 탓이 크다.

최근 일본에서는 고령자와 육아 세대에 안심하고 쾌적하게 살 수 있는 생활환경을 실현하고, 재정 면에서도 장래에 지속 가능한 도시 경영환경을 조성하는 것이 큰 과제가 되어 콤팩트시티의 사고가 다시 도시계획의 주류가 되었다. 실제로 반 정도의 시정촌이 도시계획 마스터플랜으로 콤팩트시티와 집약형 도시 구조화를 목표로 했다.

하지만 슬로건만 내세운 시정촌이 많으며, 시청과 병원 등의 공공시설을 교외로 이전하거나 과도한 규제 완화로 교외 주거지가 무질서하게 확대되는 등 콤팩트시티와 전혀 다른 방향으로 가는 경우도 있다.

입지 적정화 계획의 탄생

이런 와중에 드디어 정부는 주택, 병원과 복지시설, 상업시설 등이 한데 모여 있고, 고령자인 주민이 자동차에 의지하지 않고 대중교통을 이용해 이런 시설에 접근할 수 있는 마을 만들기를 목표로, '콤팩트시티＋네트워크' 형성을 추진하기 위해 2014년 8월 도시재생특별조치법을 개정하고 '입지 적정화 계획 제도'를 발표했다.

'입지 적정화 계획 제도'란 도시계획법을 중심으로 기존 토지이용 계획에 추가적으로 대중교통을 통한 네트워크와의 연계를 중시하면서 주택, 병원과 복지시설, 상업시설 등의 입지를 유도하기 위한 제도다. 입지 적정화 계획을 수립한 시정촌에는 정부가 적극적으로 세제 혜택을 주고 보조금을 지원한다.

이 제도를 받아들인 전국 289개 시정촌에서 입지 적정화 계획 수립을 구체적으로 검토하고 있다(2015년 7월 말 시점).

원래 도시계획에는 주택의 신규 입지를 유도하는 기능이 없었다. 제도 내용과 운용에 여러 과제와 장애가 있겠지만, 입지 적정화 계획은 주택과 도시에 필요한 시설(대규모 상업시설과 병원 등)의 '입지를 유도하자'는 관점이 포함된 것만으로도 획기적인 것이라 할 수 있다.

지금까지는 규제가 완화된 저렴한 입지에 주택 개발이 이루어졌다면, 앞으로는 거주를 유도할 구역의 이용률이 낮거나 없는 토지 또는 빈집이 있는 부지에서 주택 개발이 이루어질 가능성이 있다.

입지 적정화 계획 제도는 도시계획 구역 중에서 시가지화 구역과 비지정 구역을 대상으로 하며, 시정촌이 '도시 기능 유도 구역', '거주 유도 구역' 등을 지정하게 된다. '도시 기능 유도 구역'은 의료·복지·상업 등의 도시 기능을 도시의 중심 거점과 생활 거점에 유도해 집약하는 것으로, 각종 서비스가 효율적으로 제공되는 구역이다.

그리고 '거주 유도 구역'은 현재 인구가 감소 추세인 가운데서도 일정 지역에 적정 인구밀도를 유지해 생활 서비스와 지역공동체가 지속되도록 거주를 유도하는 구역이다. 예를 들어, 구마모토시에서는 대중교통 도보권을 중심으로 시가지화 구역에 거주 유도 구역을 설정했다.

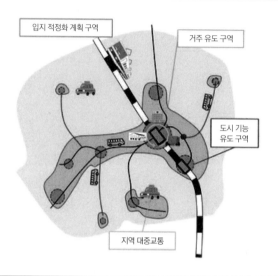

입지 적정화 계획 구역

표 3-7 입지 적정화 계획의 이미지

국토교통성, '도시재생특별조치법'을 기본으로 해서 만든 입지 적정화 계획의 개요 홍보물(2014년 8월 1일 기준)

거주 유도 구역을 벗어난 구역의 미래

그렇다면 거주 유도 구역에서 먼 구역에서는 새로운 주택 건설을 멈추고 거주자가 모두 이주해야 하는 걸까?

오해의 여지가 있지만, 거주 유도 구역에서 먼 구역이라도 기존 주택이 이전해야만 하는 것은 아니다. 또한 자가 주택이나 2가구용 주택을 건축하는 경우에는 입지 적정화 계획에 따른 사전신고 의무가 없다. 입지 적정화 계획에서는 거주 유도 구역 외에 일정 규모 이상(약 3가구 이상)의 주택을 건설할 때 미리 신고해야 한다. 만약 신고 내용이 입지 적정화 계획에 맞지 않으면, 시정촌에서 시정을 권고한다. 그렇기 때문에 이후 거주 유도 구역 외 구역에서는 마을 만들기를 어떻게 할 것인지가 중요한 과제다.

이처럼 입지 적정화 계획 제도는 거주 유도 구역 외의 주택 개발을 금지하는 규제적 수단이 아니라 사전신고, 시정권고라는 절차를 도입해, 긴 시간에 걸쳐 거주 유도 구역으로 주택 입지를 유도하는 것을 목표로 한다.

시가지화 조정 구역의 규제 완화 재검토

입지 적정화 계획을 대부분의 시정촌에서 받아들이자 시가지화 조정 구역의 처리 문제가 고민스러운 과제로 떠올랐다. 시가지화 조정 구역은, 도시계획법에 따르면 시가지화를 억제하는 구역이라는 애초의 '명분' 때문에 입지 적정화 계획 대상에서 제외되어 자동으로 거주 유도 구역이 되지 못했다.

그동안 인근 시정촌의 인구를 뺏어오기 위해 토지가 저렴한 시가지화 조정 구역의 규제 완화 경쟁이 반복될 정도로 시가지화 구역보다 시가지화 조정 구역이 더 활발하게 개발되었다. 그래서 시정촌이 시가지화 조정 구역의 규제 완화를 지속하면 시가지화 구역에서 시가지화 조정 구역 쪽으로 개발 수요를 옮기는 상황이 지속되기 때문에 실질적인 거주 유도가 불가능해질 위험성이 있다.

본래 입지 적정화 계획은 '콤팩트시티+네트워크' 형성을 추진하기 위한 제도이기 때문에, 시가지화 구역에 거주 유도 구역을 설정한다면, 그 방침에 맞게 시가지화 조정 구역에서도 규제 완화 구역의 면적 축소와 규제 완화 기준의 엄격한 운용이 요구된다.

하지만 안타깝게도 입지 적정화 계획을 검토 중인 여러 시정촌에서는 시가지화 구역에 거주 유도 구역만 지정할 뿐 시가지화 조정 구역의 규제 완화 조례 개선은 '다음 과제'로 미루며 이렇다 할 움직임이 없어서 '무엇을 위해 일부러 입지 적정화 계획을 하려는 것인지' 의심스러울 정도다.

도시계획세를 지불하는 시가지화 구역 주민으로선 시가지화 구역에 있어도 거주를 유도하는 구역이 아닌 '거주 유도 구역 외'로 주거지가 설정될 수 있는데, 도시계획세를 지불하지도 않는 시가지화 조정 구역에 변함없이 과도한 규제 완화로 개발이 허가된다면 부당하다고 여길 것이다. 도시계획에 대한 기초 지식과 관심을 갖고 있는 시민들이 이런 문제에 목소리를 높이는 경우도 적지 않다.

위에서 언급한 시정촌들은 왜 규제 완화 조례를 바꾸지도 않으면서 입지 적정화 계획을 수립하려는 것일까? 재정적 이익 때문이다. 재정이 어려운 시정촌에서는 어떻게든 보조금을 얻어내기 위해 입지 적정화 계획 수립을 검토하는 경우가 많다. 물론 인구 감소 사회를 받아들이고 장기적인 관점에서 진지하게 입지 적정화 계획의 작성을 위해 논의를 거듭하는 시정촌도 있다.

현재 시점에서는 각 시정촌이 입지 적정화 계획을 어떻게 수립할지, 수립한 후에는 어떻게 운용할지가 미지수인 상황에서 시행착오를 거치는 중이다.

도시계획법의 기본적인 틀을 근본적으로 개선해야 하는데, 입지 적정화 계획은 특별법인 도시재생특별조치법에 의해 제도화된 탓도 있어서 지금의 도시계획이 안고 있는 문제를 근본적으로 해결하는 데는 실효성이 적은 측면이 있다.

그럼에도 입지 적정화 계획은 장기적인 관점에서 도시의 미래를 위한 실천 방법과 인식 면에서 한 발짝 나아간 커다란 전환점이며 기회라고 할 수 있다. 그리고 이제까지 도시계획을 자신의 문제라고 생각하지 못했던 시민들이 주택의 입지에 관심을 갖고 사회적 운동에 참여할 계기가 되기를 기대할 수 있다.

입지 적정화 계획 수립과 운용 현장에서 시행착오를 겪기 전에, 세계에서 제일 먼저 인구 감소 현상을 겪고 있는 사회의 도시계획은 어떤 것이어야 하는지 근본적 틀을 다시 짜길 바라는 사람은 나뿐만이 아닐 것이다.

제4장

주택 과잉 사회에서 벗어나는 7가지 방안

일본병을 극복하자

지금까지 주택 과잉 사회가 안고 있는 구조적인 문제를 '양'의 관점(제1장), 주택과 주거환경의 질에 대한 '노후화'의 관점(제2장), 신규 주택 '입지'의 관점(제3장)에서 살펴보았다.

인구와 세대수의 감소, 세수 감소, 저출산과 고령화, 고령자 복지 비용의 증대, 인력 부족, 노후 주택과 빈집의 급증, 공공시설과 인프라의 재생 및 갱신 문제 등 끝이 없을 정도로 많은 문제가 산적해 있다. 성장 지향적인 도시계획과 주택정책의 진정한 전환이 이루어지지 않으면 안 되는 시기에 돌입했다는 것을 깨달았으리라 생각한다.

일본에서는 빈집과 노후 주택이 계속 증가하고 있다. 그럼에도 불구하고 초고층 맨션이 숲을 이루고 대도시 교외와 지방도시에서의 신규 주택 난건설이 멈추지 않아 주택 총량뿐만 아니라 거주지 총량이 지속적으로 확대되고 있다. 고도성장기의 '증분주의'에 근거한 각종 정책이 '잔상'으로 남아 있어, 근본적인 발상의 전환이 이루어지지 않은 채 사고 정지 상태가 되었기 때문이다.

주택이 이미 공급 과잉이라면 신규 주택의 총량을 규제해야 한다고 지적하는 사람도 많을 것이다. 하지만 주택산업이 경제에 미치는 영향이 크기 때문에 관련업계의 반대가 극심해 총량 규제를 도입하기는 어려울 것이다. 거품 경제의 붕괴나 리먼 쇼크 같은 경제적 위기가 닥칠 때마다 경제대책의 일환으로 국민 세금을 투입해 주택 융자 혜택을 주거나 고정자산세 등의 세제 우대 조치를 확대하는 등 신규 주택에 대한 적극적인 지원을 반복해왔다.

주택·건설산업은 여러 산업 분야에 폭넓게 걸쳐 있어, 경제 파급효과가 높다고 알려져 있다. 하지만 경제학자 후카오 미쓰히로(深尾光洋)에 따르면 건설 경기가 경제 전반을 활성화시키는 효과는 "경제 자본설비와 노동력에 여유가 있고 수요가 확대되어 물가가 상승하지 않아도 공급 확대가 일어나는 상황을 전제로 한다"고 말했다.

앞으로 노동력의 여유가 없을 때 신규 주택에 따른 경제파급효과가 어느 정도인지 제대로 검증할 필요가 있다. 그리고 빈집의 급증에 따른 사회적 비용의 증가와 거주지 확대에 따른 세금 낭비 등도 종합적으로 검토해야 하는 단계에 이르렀다.

지금부터 일본병으로 안고 온 '주택 과잉 사회'에서 벗어나기 위해 신규 주택 총량 규제 이외에 우리가 해야 할 7가지 방안을 제시하며 이 책을 마무리할까 한다.

첫째, 지속 가능한 도시를 만드는 데 관심을 갖는다

시정촌이 장기적인 관점에서 인구가 어느 정도 감소한다는 것을 전제로 미래 세대에 부담을 안기지 않는 시책을 실시하는 것이 가장 중요하다. 본래 국민의 자산을 지키는 것도 정치와 도시계획의 중요한 목적이지만, 정치역학적으로는 토지를 최대한 자유롭게 활용해 이익을 최대화하려는 주택·건설업계와 토지권자의 발언권이 도를 넘기기 쉽다. 반면 일반 시민들에게는 도시계획이 피부로 느껴지지 않아 자기 소유의 토지가 도로정비로 수용되는 일이 발생하지 않는 한 자신과 별 상관없는 것으로 여기는 경향이 있다.

도시계획을 수립하고 시행하는 단계에서는 공청회 등을 통해 시민의 의견을 듣는 기회가 마련되어 있다. 하지만 안타깝게도 홍보가 잘 되지 않고, 전문적인 내용이라서 어렵고, 관심을 끌기 힘들어 의견을 제대로 수렴하는 경우가 거의 없는 실정이다. 또한 시간이 흘러 실제로 문제가 발생한 단계에서 시민들이 목소리를 높여도 '이미 때늦은' 경우가 많다.

일단 완화된 규제를 다시 강화하려고 하면 토지 소유자와 정치가, 건설·부동산업계의 반발을 극복하기 어렵다. 그렇기 때문에 지자체 단체장과 지방의원들은 애초부터 규제 강화를 꺼리는 경향이 있다.

실제로 직접 만나서 조사할 때 지자체 담당 공무원들이 "개인적으로는 규제 완화를 그만둬야 한다고 생각하지만 방향 전환을 하기가 정치적으로 어렵다"며 괴로운 심정을 토로하는 경우를 여러 번 보았다.

이런 현실을 감안할 때 시민들이 도시계획과 주택정책은 정부에서 할 일이라 여기고 관심을 갖지 않는다면 해결의 실마리를 찾기 어렵다. 시민들이 말 없는 다수로 남지 않고 주택의 자산 가치와 미래의 세금 부담 등을 고려해 한 명, 한 명 목소리를 높이는 것이 중요하다.

미래 세대에 짐이 되는 주택과 마을을 남기지 않도록 '권리'만 주장할 것이 아니라 마을과 주거환경의 유지관리 '의무'도 있다는 인식을 가져야 한다.

그러기 위해서는 〈표 4-1〉 같은 관점으로 자신의 생활터전에서 일어나는 도시계획의 실상을 파악해야 한다.

구체적으로 보면, 우선 생산연령 인구의 감소로 인한 세수 감

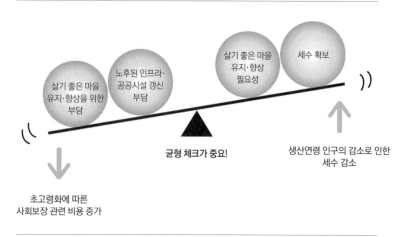

표 4-1 인구 감소 시대의 도시계획 기본 관점

소, 주택 개발에 따른 고정자산세 같은 세수 증가 등을 종합적으로 검토해 살기 좋은 마을 만들기에 끼치는 영향을 생각해보자.

그런 다음 초고령화에 따른 사회보장 관련 비용 증가로 인해 세금 부담이 급증하고 노후된 인프라와 공공시설을 갱신하고 살기 좋은 마을을 유지하려면 얼마나 많은 세금이 필요할지 가늠해보고, 사람들이 어느 수준까지 부담할 수 있을지 생각해보자. 그러고 나서 재정 수지의 균형을 맞추는 관점에서 도시계획의 타당성과 효과를 판단하는 것이다. 물론 재정 수지의 균형점은 시기에 따라 그리고 자신이 살고 있는 마을의 특수성에 따라 달라진다.

둘째, 주택 수와 거주지 면적을 더 이상 늘리지 않는다

국가 차원의 생산연령 인구 감소로 인한 세수 감소와 사회보장 비용 급증은 물론, 전국적으로 빈집이 대량으로 발생하고 노후한 공공시설 및 인프라 갱신에 필요한 막대한 비용 부담을 피할 수 없어 정부에서는 새로운 공공투자를 할 여력이 거의 없다.

현행 도시계획과 건축 규제는 전국을 일률적인 관점에서 시행하는 면이 있기 때문에 각 지역 고유의 실정에 따라 유연하게 대응하는 것이 결코 나쁘지만은 않다. 하지만 많은 지자체가 규제 완화를 남발해 '규제 완화로 생기는 신규 주택'만이라도 총량을 제한하는 조치를 취할 필요가 있다. 고도성장기 이후 증분주의에 입각한 낡은 틀에서 벗어나 감분주의로 가는 첫걸음으로 과도한 규제 완화 개선이 필요하다.

규제 완화를 하지 않아도 현행 도시계획과 건축기준법의 기준 자체가 까다롭지 않아 주택을 건설하는 데 별로 어려움이 없으므로 주택의 공급과 경제 상황에 당장 큰 영향을 끼치지는 않는다.

대도시에서는 이미 정비된 초등학교 등의 공공시설과 교통 인프라의 용량을 넘어서지 않는 범위에서, 즉 새로운 공공투자를 필요로 하지 않는 경우에만 용적률을 완화해야 한다. 특히 지금부터 급증하는 노후 맨션의 재건축에 필요한 용적률을 미리 확보하는 것이 중요하다. 따라서 초고층 맨션 건설은 터미널 정비 등 공공성이 몹시 높은 경우에만 한하고, 이외에는 억제해야 한다.

규제 완화로 창출되는 주택 수에 대해서도 기존 공공시설과 인프라 등에 미칠 영향을 확인해 새로운 공공투자가 필요한 규모인지, 공공에 기부체납하는 광장과 산책로 등이 지역 주거환경과 비교해 규제 완화의 교환 조건에 이바지할 정도인지, 초고층 분양 맨션에 대해서는 나중에 재건축하기 힘들다는 점을 고려한 총비용을 계산해 공공지원 없이도 미래에 유지관리해나갈 수 있는 방식인지 등 규제 완화와 공공 공헌의 정당성과 타당성을 전문가로 구성된 제3자의 조직이 상세하게 협의하고 확인하도록 하는 시스템과 투명한 운영 방법에 대해 검토해야 한다.

시가지화 조정 구역에서 규제 완화가 가능한 구역의 폐지와 축소를 본격적으로 추진해야 한다. 또한 비지정 구역에 개발 규제를 도입하고 주택을 더 이상 난건설하지 못하게 신규 입지를 적극적으로 유도할 수 있도록 현행 도시계획의 근본적인 틀 자체를 개선해야 한다.

셋째, 생활 서비스를 유지하는 마을 정비 구역 설정

지금까지 세금으로 공공시설과 인프라를 정비해온 기존 마을은 빈집과 공터, 방치된 토지가 여기저기 얼룩처럼 점점 더 늘어날 위험성이 있다. 이것은 지방도시와 대도시 교외뿐만 아니라 대도시에서도 마찬가지다.

인구밀도의 저하와 초고령화, 노동력 부족이 진행되면 제1장과 제3장에서도 말했듯이 삶에 필요한 상업시설과 공공시설 등은 인구 감소와 재정난으로 통폐합되고, 그런 시설을 이용하려면 현재보다 훨씬 더 멀리까지 가지 않으면 안 된다.

응급의료, 쓰레기 수거, 방문 간호, 재택 의료, 택배 등 생활에 빼놓을 수 없는 서비스도 제대로 되지 않거나 추가요금을 지불하지 않으면 안 되는 지역이 증가해 지금과 같은 편의를 누리지 못할 수 있다는 점을 고려해야 한다.

그래서 재해 위험, 인프라와 대중교통·생활편리 서비스 유지, 공공시설의 재편·통폐합, 지역공동체, 라이프스타일 등 다양한 관점에서 장기적으로 지역 주민과 충분한 논의를 거듭해 계속 정비하며 유지관리할 지역을 결정해야 한다.

자동차 이용이 라이프스타일이 된 대도시 교외나 지방도시에서는 대중교통의 도보권에 거주지를 '집약'하고 '축소'하는 높은 수준의 콤팩트시티 정책을 어렵게 여긴다.

중요한 것은 시가지화 구역, 시가지화 조정 구역, 비지정 구역으로 나눈 기존 도시계획의 틀에 얽매이지 말고 각각의 지역이 안고 있는 실정을 감안해 농촌 지역도 함께 행정 서비스와 생활편의 지원 서비스를 효율적으로 이용할 네트워크를 유지하고 형성하는 관점에서 마을의 정비 구역을 설정하는 것이다.

여기에서 마을의 정비 구역에 들어가지 않는 지역은 버리는 것인지 의문이 들 것이다. 정비 구역을 설정하고 신규 주택의 입지를 유도한다고 해서 나머지 지역을 버리는 것은 아니다. 주택의 신규 입지를 유도하는 것은 인구밀도에 변화를 주어 효율성을 높이기 위함이다.

그 때문에 시간이 오래 걸릴지는 모르지만 마을의 정비 구역만이라도 어느 정도 인구밀도를 유지하면, 그곳이 광역적인 각종 서비스 네트워크의 거점이 되어 주변 사람들도 생활에 필요한 서비스를 효율적으로 이용해 '나름대로' 마을을 유지할 수 있다.

다시 말해, 행정 서비스와 생활 지원 서비스의 권역이 점점 더 확대되는 상황에서 이런 서비스들이 일정 수준으로 유지되도록 마을의 정비 구역만이라도 사수해야 하는 거점으로 설정해 행정 서비스와 생활편의 지원 서비스를 유지하기 위한 일종의 베이스캠프로 만드는 것이다.

무엇보다 인구 감소와 재정난 등으로 부득이하게 여러 생활 서비스가 다소 줄어든다고 하더라도, 마을의 거점에 주변 지역을 결속시키는 지역공동체가 있다면, 서로 이웃을 돕고 도움을 받으며 익숙한 지역에서 자립적인 생활을 지속할 수 있지 않을까?

넷째, 주택 입지 유도를 위한 인센티브를 도입한다

일본의 도시계획은 지금까지 급격한 공업화에 따라 공해, 교통체증, 상하수도의 공급·처리능력을 감안해 공장과 상업시설에 관련된 입지 유도를 어느 정도 실시해왔다. 하지만 지금의 법제도에서는 재해 위험성이 있는 구역에서도 주택 건설이 가능하다. '주택은 해를 끼치지 않으니 어디에 건설해도 좋다'는 식의 생각을 버려야 한다.

신규 주택 착공 세대수의 총량만 문제 삼을 것이 아니라 새로운 택지에 들어서는 신규 주택만이라도 입지를 유도해 실효성 있는 새로운 도시계획 만들기에 착수할 필요가 있다.

그렇다면 신규 주택의 입지를 어떻게 유도해야 할까?

그 방법으로는 다음 3가지를 들 수 있다. 첫째, 마을의 정비 구역에 주택을 신축할 경우 세제·금융 면에서 인센티브를 준다. 둘째, 마을의 정비 구역 입지의 매력을 향상시킨다. 셋째, 입지를 유도하지 않아도 되는 지역의 개발 규제를 강화한다.

특히 재해 위험성이 높은 구역에는 주택의 신규 입지를 규제해야 한다. 장기우량주택에 대해 이미 실행하고 있듯이, 입지 유도를 위해서는 세금 및 융자와 관련된 혜택을 줄 수 있다. 주택에 관한 여러 종류의 보험과 금융기관의 주택 융자에서 금리와 요율에 차이를 두는 등의 문제도 검토해야 한다.

입지 유도는 대도시 교외와 지방도시뿐만 아니라, 아직 신규 주택 수요가 있는 대도시에서도 현재 정비가 잘되어 있는 마을로 신규 주택을 적극적으로 유도할 필요가 있다.

다섯째, 리모델링과 재건축을 적극 추진한다

노후 주택일수록 고령 거주자가 많아, 수명이 다한 후 상속인이 계승하지 않아 빈집, 빈 땅이 급증할 우려가 있다.

특히 대도시에는 역에서 도보권에 있는 단독주택 단지의 빈집 비율이 높아 지금까지 공공투자로 공공시설과 인프라를 정비해온 거주지의 스펀지화가 점점 심각해질 위험이 있다.

현재 신규 주택 중, 원래 주택이 건설된 부지에 주택을 건설하는 재건축 비율은 고작 10%밖에 되지 않는다. 신규 주택의 착공이 왕성해도 그중 재건축 비율이 낮은 일본의 상황은 스펀지의 구멍(빈집)이 메워지지 않은 채 점점 팽창하는 비효율적인 형태다.

그렇기 때문에 기존 거주지의 구멍을 메우기 위해 마을의 정비 구역 안에 있는 유통기한이 지난 빈집을 활용하기 위한 수선과 리모델링, 중고 주택 시장 유통을 지원하는 한편, 활용 가능성이 낮은 빈집을 원만하게 해체·철거할 수 있도록 지원하고 재건축을 장려하는 등 기존 주택과 거주지의 재생에 역점을 두어야 한다.

예를 들어, 빈집을 공용 사무공간이나 지역공동체의 모임 장소로 리모델링한 후 임대료를 저렴하게 하고, 고정자산세를 지불하는 정도의 세금으로 사업 채산성을 맞출 수도 있다. 젊은이들과 육아를 마친 여성, 퇴직 세대가 적은 위험을 안고 창업에 도전할 수 있는 터전이 되어주는 귀중한 자원이 될 수도 있고, 이렇게 해서 주변이 활성화되면 이런 지역에 신규 주택의 입지를 유도하기도 수월해진다.

빈집을 철거할 경우에는 이후 생겨난 빈 땅을 활용하기 위한 지원 대책으로 제2장에서 소개한 것처럼 인접한 주택의 텃밭이나 주차장으로 이용할 수도 있고, 지역에서 공동으로 활용하는 농장·광장·임시 주차장 등으로 사용할 경우 세제·금융 등의 우대 조치를 하는 등 노력이 필요하다.

실제로 미국의 디트로이트 근처 프린트 시에서는 방치된 빈집에 대한 대응책으로 2003년 '랜드파크'라는 기관을 설립했다. 랜드파크는 방치된 빈집을 관리·소유하면서 빈집을 철거할지 아니면 보수한 후 임대나 매각을 할지 결정하는 한편, 철거 후에는 토지를 녹지와 지역공동체를 위한 공간으로 전환하는 일을 하고 있다. 랜드파크는 기업과 정부의 지원, 체납자가 낸 벌금, 빈집에서 입수한 물건들의 대여료와 매각금 등을 자금원으로 활용하고 있다. 일본에서도 이런 방식을 참고해 주택의 종말기에 대해 구체적인 대책을 마련해야 한다.

그리고 전국 총 빈집 수의 약 52%를 점유하는 임대용 빈집을 수도권 직하형 지진과 남해 트라프 지진에 대비해 재해가 발생했을 때 미나시 가설주택[1]으로 자연스럽게 활용할 수 있도록 관련제도를 본격적으로 정비할 필요가 있다.

앞으로는 빈집을 팔고 싶어도 팔 수 없거나 상속인이 살지 않고 임대용 주택으로 전환하는 경우가 급증할 것으로 예상된다. 그러므로 가까운 미래에는 수십 년간 상환해야 하는 주택 융자를 받아 신규 주택을 구입하지 않아도 가족이 살 수 있는 질 좋고 저렴한 임대주택 시장이 창출될 가능성이 있다. 빈집의 중고 유통을 촉진하면서 수선과 리모델링을 통해 '빈집 우량 임대주택화'를 충실히 지원하는 방안을 서둘러 검토해야 한다.

기존 주택과 거주지의 재생을 중시하는 방향으로 주택정책의 패러다임을 전환해 신규 주택 중심의 주택건설산업이 노후 주택의 재건축과 리모델링으로 이동하도록 세제 및 금융상 우대 조치와 연계해 시장에서 인센티브를 창출함으로써 새로운 수요와 비즈니스 기회를 만들어주는 것이 중요하다.

---

1 みなし仮設住宅. 재해로 주택을 잃은 난민이 민간의 임대주택을 빌려 임시거처로 입주한 경우, 그 임대주택을 국가나 지자체가 제공하는 가설주택에 준하는 것으로 보아 주거에 따른 집세와 보증금, 사례금, 중개수수료 등을 국고에서 부담하는 대상(적용 기간은 2년간)으로 인정한다. 2011년 동일본 대지진 때부터 적용되어 2016년 구마모토 지진에도 적용되었다.

여섯째, 수리나 철거 등 주택 말기 대응책을 조속히 마련한다

가까운 미래, 단카이 세대의 수명이 다하는 시기가 되면 빈집을 방치·포기하거나, 팔고 싶어도 팔 수 없거나, 임대하고 싶어도 들어오는 세입자가 없어 상속을 포기하는 경우가 급증할 것이다. 또한 부동산 시장의 글로벌화로 주택 소유자가 외국인이어서 연락이 되지 않는 경우도 증가할 것이다. 그렇기 때문에 소유권 이전과 등기 관련 제도를 검토해야 한다.

또한 노후 주택과 빈집의 종말기 문제에 대한 대응책으로 주택의 해체·철거 비용을 확실하게 확보할 수 있는 한 새로운 방법도 신속하게 마련해야 한다. 예를 들어 주택건설업계의 협력을 얻어 주택의 해체·철거를 지원하기 위한 본격적인 기금을 조성하고 가전 리사이클법처럼 신규 주택을 구입할 때 해체·철거 비용을 위한 비용을 별도로 징수하고, 주택 수리를 위한 보험으로 주택 유지관리가 가능한 새로운 보험상품 등을 개발해 그에 대한 인센티브로 세금 공제 등의 우대 조치를 하는 등 실질적이고 구체적인 새로운 방법을 검토하지 않으면 안 된다.

급증하는 노후 분양 맨션의 종말기 문제에 대한 대응도 상속을 포기한 빈집의 유지관리와 처분 방법, 빈집의 급증으로 관리조합의 일손이 없어진 경우 대응 가능한 구조, 거액의 철거 비용을 세금에 기대지 않고 확보할 방법, 노후 분양 맨션의 재건축이나 철거 후 구분 소유자 문제를 원만히 해결하기 위한 제도 역시 강구해야 한다.

일곱째, 주택을 구입할 때는 수십년 후를 생각한다

새로운 주택을 구입할 때 주택의 장점과 가격 등에만 마음을 빼앗기면 주택과 마을의 미래를 확인하는 장기적인 관점이 어리석게 느껴진다. 단기적으로 투자금을 회수하려는 개발자, 어떻게든 인구를 늘리고 싶은 지자체, 토지로 돈을 벌고 싶은 토지 소유자 등 공급자의 이해관계에 의한 판촉 전략에 현혹되어서는 안 된다.

일단 구입한 주택은 가구와 가전제품처럼 오래되어 필요 없다고 쓰레기로 버릴 수도 없다. 주택 과잉 상태인 현시점에서 주택을 구입한다면 미래 세대에 끼칠 영향을 고려할 필요가 있다. 언젠가 그 주택과 입지가 갑자기 악화되지 않고 현재 수준의 생활이 가능할지 생각해본 뒤, 혹시 미래에 상속한 자녀 세대가 팔 경우 살 사람이 전혀 없을지도 모른다는 '더욱 한발 앞선 미래 위험'까지 생각할 필요가 있다.

물론 '미래의 일은 알 수 없으니 미리 걱정하지 말고, 현재 살고 있는 주택과 마을 환경이 나빠질 것 같으면 그때 좋은 곳으로 이사하면 괜찮지 않나?'라고 생각하는 사람들이 많을지 모른다. 하지만 주택 융자금 상환이 완료되는 시기에는 거주자가 고령화되고 주택도 노후화되어 유지관리 상태와 입지에 따라 매각하고 싶어도 구매자가 없는 마이너스 자산이 될 위험이 있다는 점을 감안해야 한다.

새로운 주택을 구입할 때는 각자가 더욱 장기적인 관점에서 주택과 마을의 미래 위험을 생각해보아야 한다. 그리고 이런 사람들이 늘면 신규 주택을 짓든 기존 주택을 구입하든 이미 잘 정비된 마을을 선택하는 경향이 증가할 것이다.

미래 세대에 부담을 주지 않으려면

주택 과잉 사회가 되는 것을 막지 못하면 미래 세대에 큰 부담을 주며, 미래 세대의 개발 수요를 선점해서 써버리는 것이 된다. 인구 비율이 높은 단카이 주니어 세대가 경제활동을 하고 인구와 경제에 약간의 여력이 있을 때 도시계획과 주택정책의 근본적인 개선에 착수하지 않으면 시기를 놓친다.

이 책에서는 지자체의 도시계획을 비판했지만, 물론 독자적으로 마을 만들기 조례를 제정하는 등 장기적인 관점에서 진지하게 도시계획을 수립하고 매일같이 분투하는 지자체도 있다. 도시계획법과 관련 제도는 비교적 틀이 잘 갖춰져 있기 때문에 시정촌이 의욕을 갖고 적극적인 창의성을 발휘해 각 지역의 특징을 살린 도시계획을 모색해야 한다. 주택 과잉 사회에서 벗어나기 위해서는 시민들도 도시계획 동향에 관심을 갖고 발언해야 한다.

지금까지 주택 과잉 사회가 안고 있는 구조적인 문제에 대해 주로 도시계획과 주택정책의 관점에서 살펴보았다. 이 책을 계기로 주택의 자산 가치만이 아니라 사람들의 삶을 지탱하는 마을 자체도 붕괴할 가능성이 있다는 점을 인지하고 우리 자신과 미래 세대를 위해 하루빨리 대책을 강구해야 한다는 문제의식을 더 많은 사람과 공유하고 싶은 마음이다.

어느날 아침, 텔레비전 뉴스를 보던 우리 아이(당시 중학교 1학년)가 중얼거렸다.

"더 이상 우리 세대까지 피해를 주는 일은 그만 하지."

국립경기장 건설비 등 2020년 도쿄 올림픽 관련 비용이 날마다 불어나고 있다는 보도가 이어지던 때였다.

아직 투표권도 결정권도 없는 아이들이 어른이 된 다음에도 계속 사용할 건물과 공간에 대한 투자, 앞으로 그 공간을 유지관리하고 갱신하기 위해 그들이 짊어져야 할 재정 부담을 우리 세대가 일방적으로 결정해버렸다는 것을 새삼 깨달았다.

지금 어른들이 만들어놓은 주택, 공공시설과 인프라, 그리고 '마을'은 앞으로 100년 가깝게 이 세상에 존재할 것이다. 지금과 같은 도시계획과 주택정책을 계속하면 우리 아이들이 미래에 곤란한 상황에 처할 것이다.

다소 전문적인 영역으로 여겨져 그동안 시민들이 친숙하게 다

가서지 못했던 '도시계획'이란 주제와 관련해 이미 문제가 표면화되기 시작한 것들부터 논의해나가면 어떨까? 아이들에게 풍요롭고 살기 좋은 마을을 물려주는 데 이 책이 조금이나마 기여하기를 바란다.

이 책을 집필하면서 정말 많은 분에게 신세를 졌다.

이 책의 집필 계기를 제공한 도쿄 예술대학 후지무라 류지(藤村龍至) 준교수, 원고에 대해 세밀하고 논리적인 비평과 조언을 해준 도쿄 대학 오가타 준이치로(大方潤一郎) 교수, 지금까지 여러 프로젝트에서 함께 애써준 시정촌·현·정부의 담당 공무원들, 그 외에도 수많은 전문가의 귀중한 정보와 조언 덕택에 이 책을 완성할 수 있었다. 여기에나마 마음을 담아 감사의 뜻을 전한다.

그리고 도요(東洋) 대학 내 연구실에서 지금까지 도시계획과 마을 만들기 관련 조사와 연구를 함께 진행한 대학원생과 세미나 멤버들은 여러 마을의 실태를 조사하고 전국 각지의 마을이 안고 있는 문제를 찾아내는 과정에서 내게 없는 관점을 보강해주었다. 정말 감사한다. 앞으로도 종종 모여 전국 각지의 일본주를 즐기며 여러 분야에서 활약하는 올드보이와 올드걸 동지로서 도시계획에 대해 이야기를 나눠보려고 한다.

그리고 고단샤 현대신서의 요네자와 유키 씨는 내가 잘 표현하지 못하는 생각을 적확한 언어로 만들어 '주택 과잉 사회'라는 중요한 키워드를 세상에 탄생시켰다. 요네자와 씨 같은 우수한 편집자와의 절묘한 협업이 없었다면 이 책을 완성하지 못했을 것이다. 가슴 깊이 감사의 말을 전한다.

일본에서 생활하기 위해 집을 알아볼 때 제일 당황했던 것이 전세 제도가 없다는 사실이었다. 지금이야 다른 나라에 전세라는 임대 형태가 거의 없다는 것을 알지만, 아무것도 모르던 그때는 월세로 사라지는 돈이 몹시 아깝게 느껴졌다. 일본 지인들에게 월세를 내며 사라지는 돈이 아까우니 차라리 집을 사는 것이 낫지 않느냐고 물으니, 월세로 내는 비용이나 주택담보대출을 받아 자가 주택을 구매해서 대출을 상환하는 비용에 그다지 차이도 없고 시간이 흐르면 주택 가치도 떨어지는데 미래를 확실히 알 수 없는 상황에서 굳이 10년 넘게 대출에 얽매일 필요가 없지 않느냐는 반응이 돌아왔다. 집이란 모름지기 자가 형태가 제일 낫다고 생각하던 내겐 신선하지만 굉장히 합리적인 이야기로 들렸다.

　하지만 한국에서 월세나 전세 같은 임대 형태로 10년 이상 한 곳에 사는 경우가 얼마나 될까? 어떤 형태든 임대주택에 사는 경우 계약을 갱신할 때가 되면 집주인이 월세나 전세 보증금을 올려달라고 하지 않을까 하는 걱정에 시달린다. 주택뿐만 아니라 상가의 경우도 홍대처럼 인기 있는 동네라면 월 임대료가 금세 오른다.

서점의 재테크, 투자 코너에 부동산 관련 책이 유독 많은 것만 보아도 알 수 있듯이, 한국에서 부동산은 자산을 불리는 투자 개념이 크다. 그렇기 때문에 집값이 안정되지 않고 그 변동에 따라 세입자들은 가슴을 졸인다.

일본의 거품 경제 시기에 은행의 금리는 낮고 물가는 오르고 부동산 가치는 날로 치솟았다. 그래서 은행에서 대출을 받아 부동산에 투자하는 사람이 많았다. 그러나 거품 경제 붕괴 이후 부동산 투자자 중 상당수는 과도한 부채를 떠안게 되었다. 이로 인해 부동산은 시세 차익을 노린 투자 대상으로의 매력을 상실했다. 대신 지금은 부동산으로 안정적인 임대 수익을 확보하려는 임대주택 시장이 확대되었다.

거품 경제의 붕괴로 시작된 불황은 일본 사람들이 잃어버린 20년이라고 부를 정도로 장기 침체로 이어졌지만, 최근 일본은 아베노믹스를 거치면서 일자리가 늘어나고 경제성장률이 플러스로 전환했다. 2020년 도쿄 올림픽을 앞두고 도쿄 중심부를 순환하는 야마노테 선에 새로운 역을 건설하는 등 인프라를 재정비하는 사업이 진행되고 있다. 금융기관이 몰려 있는 오테 정, 도쿄 역, 유락촌을 국제 비즈니스 금융 거점으로 키운다는 계획에 따라 재개발 사업도 진행 중이다. '지으면 팔린다'는 저자의 말처럼 지금 일본 부동산은 건설 경기가 좋아 토지와 집값이 상승 중이라는 얘기가 많지만, 이는 도쿄 등 일부 지역에만 국한될 뿐이다.

저자가 지적하듯 주택 과잉, 노후 주택, 인구 고령화가 일본 경제의 발목을 잡고 있다.

일본에는 고독사 보험이라는 것이 있는데, 집주인이 미리 이 보험에 가입해놓으면 독거노인이 주변 사람들과 단절된 채 사망해 발견될 때까지 방치되는 경우 가족과 연락이 안 되어도 해당 보험사가 고독사한 노인의 시신 처리와 유품 정리, 집안 청소 등을 대신 해주는 상품이다. 이런 보험이 등장할 정도로 일본은 고령화가 우리보다 앞서 진행되고 있다. 고령자에 대한 사회보장 급여 지출이 급증하고, 이를 부담해야 하는 현역 근로자 세대와 정부의 어깨가 무거워지며, 지방의 빈집이 증가하는 등 고령화로 인한 각종 문제가 뉴스에서 자주 소개되곤 한다.

그렇지만 저자가 말한 주택 노후화와 자산 가치가 하락한 주택의 상속 문제 같은 것은 미처 생각해본 적이 없었다. 도시의 현실을 제대로 반영하지 못한 주택정책이 앞으로의 사회를 얼마나 불안하게 할지, 이 책을 통해 새삼 미래 사회에 대해 생각해보게 되었다.

일본의 한 방송 프로그램에서 한국 부동산 시장에 대해 공급 과잉, 미분양 급증, GDP 대비 높은 가계 부채 문제를 언급하고 한국의 부동산 거품 붕괴 가능성을 진단하며 한국 정부가 인구구조 변화를 인식하고도 무리하게 부동산 시장을 확대한 것이 문제라고 지적하는 것을 본 적이 있다.

물론 일본의 지적이 맞는 부분도 있지만, 결과가 꼭 그들의 지적대로 되리라는 보장은 어디에도 없다. 2017년의 한국과 1992년 일본의 상황에 비슷한 점이 많아 불안해하는 가운데, 한국은행은 주택 공급량과 부동산 시장 상승률이 그 당시 일본처럼 높은 수준이 아니고, 주택 개발 방식과 선호 주택이 다르기 때문에 일본과 같은 부동산 거품 붕괴가 일어나지 않을 것이라는 분석을 내놓기도 했다. 일본이 우리보다 먼저 고령화 사회를 겪고 있지만 앞으로 고령화 속도는 우리가 더 빠를 것이라는 예상이다. 저자가 이야기하는 노후화된 도시와 주택의 문제가 우리와 꼭 일치하지는 않겠지만, 이를 바탕으로 앞으로 우리가 겪어야 할 문제에 대해 검토해보는 데 이 책이 보탬이 되리라 생각한다.

앞으로 다주택자 규제, 금리 인상 등이 예정되어 있다. 어떻게 얼마나 효과가 있을지, 그동안 부동산과 거리가 멀었던 나에게는 짐작조차 하기 어렵다. 하지만 이 책 덕분에 조금은 꼼꼼히 뉴스를 보게 되었다. 부동산, 주택이란 오르락내리락하는 시세 때문에 중요한 것이 아니라, 우리가 사는 터전이고 이웃과 함께 살아가는 마을의 근간이기 때문에 누구나 관심을 기울여야 할 문제라는 것을 이 책을 통해 깨달았기 때문이다.

옮긴이 ‖ **이연희**

인하대학교 경제통상학부를 졸업하고 일본 기업에서 근무했다. 바른번역 일본어 번역가
과정을 수료하고, 현재 바른번역 소속 번역가로 활동하며 단행본 기획 및 번역을 하고 있
다. 책 한 권만 있으면 시간과 장소에 상관없이 어디든 떠날 수 있는 독서 여행가이기도 하
다. 옮긴 책으로『혼자 산다는 것은』『주가 차트의 교과서』『호르몬 밸런스』등이 있다.

주택과잉사회 도시의 미래

오래된 집 무너지는 거리

초판 1쇄 발행 2018년 4월 20일
초판 2쇄 발행 2018년 5월 21일

지은이 노자와 치에
옮긴이 이연희
펴낸이 유정연

주간 백지선
기획편집 장보금 신성식 조현주 김수진 김경애 **디자인** 안수진 김소진
마케팅 임충진 이다영 김보미 **제작** 임정호 **경영지원** 전선영

펴낸곳 흐름출판(주) **출판등록** 제313-2003-199호(2003년 5월 28일)
주소 서울시 마포구 홍익로5길 59 남성빌딩 2층
전화 (02)325-4944 **팩스** (02)325-4945 **이메일** book@hbooks.co.kr
홈페이지 http://www.hbooks.co.kr **블로그** blog.naver.com/nextwave7
출력·인쇄·제본 (주)상지사 **용지** 월드페이퍼(주) **후가공** (주)이지앤비(특허 제10-1081185호)

ISBN 978-89-6596-254-0 03300

• 흐름출판은 독자 여러분의 투고를 기다리고 있습니다. 원고가 있으신 분은 book@hbooks.co.kr로
  간단한 개요와 취지, 연락처 등을 보내주세요. 머뭇거리지 말고 문을 두드리세요.
• 파손된 책은 구입하신 서점에서 교환해드리며 책값은 뒤표지에 있습니다.

이 도서의 국립중앙도서관 출판예정도서목록(CIP)은 서지정보유통지원시스템 홈페이지(http://seoji.nl.go.kr)와 국가자료
공동목록시스템(http://www.nl.go.kr/kolisnet)에서 이용하실 수 있습니다.(CIP제어번호: CIP2018007775)